【预科·科技汉语】

物 理

（第 2 版）

© 2019 北京语言大学出版社，社图号 18293

图书在版编目（CIP）数据

物理 ／ 肖立峰编 . -- 2 版 . -- 北京：北京语言大学出版社，2019.1（2019.4 重印）
（来华留学生专业汉语学习丛书）
ISBN 978-7-5619-5436-2

Ⅰ. ①物… Ⅱ. ①肖… Ⅲ. ①物理课－汉语－对外汉语教学－教材 Ⅳ. ① H195.4

中国版本图书馆 CIP 数据核字（2019）第 004390 号

物理（第 2 版）
WULI（DI 2 BAN）

排版制作：	北京创艺涵文化发展有限公司
物理编辑：	刘　鹏
物理审订：	邰迪新
责任印制：	周　燚

出版发行：北京语言大学出版社
社　　址：北京市海淀区学院路 15 号，100083
网　　址：www.blcup.com
电子信箱：service@blcup.com
电　　话：编 辑 部　8610-8230 3647/3592/3395
　　　　　　国内发行　8610-8230 3650/3591/3648
　　　　　　海外发行　8610-8230 3365/3080/3668
　　　　　　北语书店　8610-8230 3653
　　　　　　网购咨询　8610-8230 3908
印　　刷：北京虎彩文化传播有限公司

版　次：	2019 年 1 月第 2 版	印　次：	2019 年 4 月第 2 次印刷
开　本：	787 毫米 × 1092 毫米　1/16	印　张：	14.25
字　数：	257 千字		
定　价：	69.00 元		

PRINTED IN CHINA

前　言

　　本教材最初是天津大学理学院和国际教育学院为来天津大学的留学生预科班编写的物理教材，该教材在2006～2010年用了五年。之后在此基础上，按照中国中学物理与中国大学理工科物理衔接的基本要求，并参考来华留学生的状况及往届留学生的意见，在2012年进行了修改，并由北京语言大学出版社出版。出版后的教材供全国理工类留学生预科班使用。从2012年至今又过了6年，编者根据各兄弟院校的教学反馈，并结合本校最近几年的教学经验对本教材进行了第二次修订。

　　1. 本次修订以新修订的《中国政府奖学金本科来华留学生预科生物理教学大纲》为基础。对于非大纲要求的知识点进行删减，使教学知识点更加清晰突出。另外根据实际的教学情况和知识点的难易度，把振动波动、热学以及光学内容后移。

　　2. 针对学生反映的教材阅读困难的问题，在保证语言的科学性、严谨性的前提下，对教材语言进行简化，尽量避免大段的描述性语言；删掉造成学生阅读困难的例子，改用简单易懂的例子；对学生理解相对较难的关键词语，用英语标出并加注拼音。

　　3. 根据新大纲的考试要求，增加具有针对性的例题、练习题，讲练结合；在题型设置上参考中国政府奖学金本科来华留学生预科教育结业考试题型，增加学生课堂习题的练习量；删减原教材中的部分超纲习题，增加更多适合新大纲的练习题。

　　4. 在每个小节后增设"本节小结"板块，总结主要的知识点，便于学生阅读复习。

　　5. 在附录里增加"汉—英专业词汇表"和"英—汉专业词汇表"，便于学生学习与查阅。

6.本书中标"*"的章节为选学内容，学生可根据自身学习情况，了解该部分内容。

7.对原有教材中的错误进行修正。

修订后的教材内容共分为力、电磁、振动、热学、光学五部分。考虑到留学生都已取得所在国家的高中学历，有一定的物理基础，故本版教材突出以下几个目的：一是在语言方面强化来华留学预科生的物理专业词汇教学；二是在内容方面突出知识脉络；三是加强本教材与大学物理知识的衔接，以使留学生进入本科物理专业学习时能顺利衔接。

本教材主要供来华留学预科班学生及教师使用，需要留学生有一定的汉语基础，讲授需60课时左右。

受编者水平与时间所限，本教材中不免有错误与疏漏，欢迎读者批评指正。

编者

2018年1月15日

目 录

第一章　力　Force　　1

　　第一节　力　Force　　1
　　第二节　常见的几种力　Common forces　　4
　　第三节　力的合成与分解　Composition and resolution of forces　　8
　　练习题　　11

第二章　运动　Motion　　15

　　第一节　运动　Motion　　15
　　第二节　匀速直线运动　Uniform rectilinear motion　　19
　　第三节　变速直线运动　Variable rectilinear motion　　21
　　第四节　自由落体运动　Free falling motion　　24
　　第五节　匀速圆周运动　Uniform circular motion　　26
　　第六节　向心力 *　Centripetal force　　29
　　练习题　　31

第三章　牛顿定律　Newton's Laws　　37

　　第一节　牛顿第一定律　Newton's First Law　　37
　　第二节　牛顿第二定律　Newton's Second Law　　41
　　第三节　牛顿第三定律　Newton's Third Law　　44
　　练习题　　46

第四章 动量 Momentum   49

第一节 冲量和动量 Impulse and momentum   49

第二节 动量定理 Theorem of momentum   52

第三节 动量守恒定律 Law of conservation of momentum   54

练习题   56

第五章 机械能 Mechanical Energy   59

第一节 功和功率 Work and power   59

第二节 动能和动能定理 Kinetic energy and theorem of kinetic energy   65

第三节 势能 Potential energy   69

第四节 机械能守恒定律 Law of conservation of mechanical energy   72

练习题   76

第六章 电场 Electric Field   83

第一节 电荷与库仑定律 Electric charge and Coulomb's Law   83

第二节 电场与电场强度 Electric field and electric field intensity   89

第三节 电场中的导体与静电平衡* Conductors in an electric field and electrostatic equilibrium   95

第四节 电势差与电势 Electric potential difference and electric potential   97

第五节	电容 * Capacitance	103
练习题		106

第七章　直流电路　Direct Current Circuit　　113

第一节	电路与欧姆定律　Electric circuit and Ohm's Law	113
第二节	串联电路　并联电路　Series and parallel circuits	122
第三节	闭合电路的欧姆定律 *　Ohm's Law for a closed circuit	127
练习题		130

第八章　磁场　Magnetic Field　　133

第一节	磁场　安培定律　Magnetic field and Ampère's Law	133
第二节	磁感应强度　左手定则 Magnetic induction and the left-hand rule	139
第三节	带电粒子在磁场中的运动 * Motion of charged particles in a magnetic field	144
练习题		147

第九章　电磁感应　Electromagnetic Induction　　149

第一节	电磁感应定律　Law of electromagnetic induction	149
第二节	楞次定律 *　Lenz's Law	156
练习题		158

第十章　机械振动和机械波
Mechanical Oscillations and Waves　　159

　第一节　简谐运动　Simple harmonic motion　　159

　第二节　单摆 *　Simple pendulum　　164

　第三节　机械波　Mechanical waves　　166

　第四节　波长、频率和波速　Wavelength, frequency and wave speed　　172

　练习题　　176

第十一章　热学　Thermology　　179

　第一节　分子 *　Molecule　　179

　第二节　理想气体状态方程　Equation of state of an ideal gas　　181

　练习题　　185

第十二章　几何光学　Geometrical Optics　　187

　光的直线传播和光速
　The rectilinear propagation of light and the speed of light　　187

　练习题　　193

附录1　汉—英专业词汇表 Chinese-English professional glossary　　195
附录2　英—汉专业词汇表 English-Chinese professional glossary　　206
附录3　常用表达 Commonly used expressions　　217
附录4　常用物理单位表 Table of physical units　　218

1 力 Force

第一节 力
Force

力学（mechanics）要解决的中心问题是力和运动（motion）的关系（relationship）。在力和运动的关系问题中，力和运动是分析问题的基础（groundwork）；牛顿定律（Newton's Laws）是联系力和运动的纽带（bond）。第一章我们学习力，第二章我们学习运动的规律，然后在牛顿定律的基础上去研究力和运动的关系。

1 力的基本概念
Basic concepts in mechanics

力是物体与物体之间的相互作用。
Force is the interaction of objects.

一个物体受到（be given）力的作用，一定有另外的一个物体施加（exert）力的作用，前者是受力物体，后者是施力物体。只要有力，就一定有施力物体和受力物体。力是不可以脱离物体而存在的（A force can not exist independently of material bodies）。例如，玛丽拍了拍杰克，我们可以说，玛丽是施力物体，杰克是受力物体。

2 力的三要素及其矢量性
A force's three factors and its vector property

力是一个物理量（physical quantity），它有大小（magnitude）和单

位(unit)。在国际单位制(International System of Units)中，力的单位是牛顿(newton)，简称牛，用符号 N 表示。力的大小是可以测量的(Forces can be measured)。

物体受到的重力(gravity)的方向(direction)是竖直向下的(vertically downwards)，空气中物体受到的浮力(floating force)是竖直向上的(vertically upwards)。这说明力是有方向的，力的方向不同，力的作用效果(effect of a force)也不同。因此，力的方向也是力的一个要素(essential factor)。

除了力的大小、力的方向以外，力的第三个要素是力的作用点(point of application)。开门的时候，用同样大小的力，力的作用点离门轴(door shaft)越远，开门越容易。这说明，力的作用点同样影响(influence)力的作用效果。

力的三要素是力的大小、力的方向和力的作用点。

A force's three factors are magnitude, direction and point of application.

力是有大小和方向的物理量，所以力是一个矢量(vector)，用符号 F 来表示。

有大小和方向的物理量，是矢量；只有大小没有方向的物理量，是标量(scalar)。

3　力的图示和示意图

The schematic diagram and illustration of a force

在物理学中可以用力的图示(schematic diagram)表示(represent)力的三要素。力可以用一根带箭头的线段(arrowed line)来表示：线段的长度(length)表示力的大小；线段的方向表示力的方向；箭头或箭尾表示力的作用点；力的方向所沿(follow)的直线叫力的作用线(line of action)。这种表示力的方法叫力的图示。

我们来看一个例子：如图 1-1 所示，小车在水平方向受到向右的 100 N 的拉力(tensile force) F 与小球的重力 $G = 25$ N。

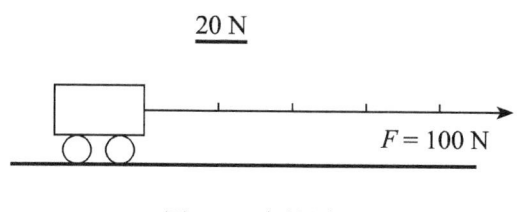

图 1-1 力的图示

1.选择标度（scale），例如：1 cm 表示 20 N（A 1 cm line segment represents 20 N）。

2.从力的作用点向右画一根带箭头的线段，线段的长度是标度的 5 倍，表示 100 N，箭头表示力的方向。

有时，我们不标出力的大小，只标出作用点和方向，这样的表示叫力的示意图。

4　力的分类
Classification of forces

按力的作用效果分拉力、支持力（supporting force）、推力（pushing force）、压力（pressure）、动力（motive force）、阻力（resistance）等。

按力的性质（character）分重力、弹力（elastic force）、摩擦力（frictional force）、分子力（molecular force）、电磁力（electromagnetic force）等。

本节小结

1.力是物体与物体之间的相互作用。受到力的作用的物体是受力物体，施加力的作用的物体是施力物体。

2.力的三要素：力的大小、力的方向和力的作用点。

3.有大小和方向的物理量，是矢量；只有大小没有方向的物理量，是标量。

第二节 常见的几种力
Common forces

本节将介绍重力、弹力和摩擦力等常见的力。

1 重力
Gravity

1.1 重力（Gravity）

在地面附近的物体都要受到重力的作用。由于地球对物体的吸引而使物体受到的力叫重力（Gravity is the attraction that the earth exerts on an object on or near the earth）。

在已知物体质量（mass）m 的情况下，重力 G 可以表示如下：

$$G = mg$$

其中，g 取 9.8 N/kg，表示 1 kg 的物体受到的重力为 9.8 N。在地面附近不太大的范围内，可认为 g 值是恒定（constant）的。

物体总是竖直下落，这说明重力的方向是竖直向下的，竖直向下指的是与水平面（horizontal plane）相垂直（perpendicular），不同于垂直方向（perpendicular direction）。

1.2 重心（Center of the gravity）

重心就是重力的作用点（point of application of the gravitational force on an object）。从效果上看，可以认为物体各部分受到的重力作用集中于一点，这一点就叫物体的重心（center of the gravity of the object）。

2 弹力
Elastic force

2.1 形变（Deformation）

物体的形状（shape）或体积（volume）的改变叫作形变。形变的原因是物体受到了外力。常见的形变可以分为弹性形变（elastic deformation）和非弹性形变（non-elastic deformation）：撤去外力后能恢复原状（recover original state）的形变叫弹性形变；撤去外力后不能恢复原状的形变叫非弹性形变（塑性形变）。常说的形变是指弹性形变。形变的种类有拉伸形变或压缩形变、弯曲形变、扭转形变。

2.2 弹力的产生条件及方向（Formation of an elastic force and its direction）

发生形变的物体，由于要恢复原状，对跟它接触（contact）的物体会产生（produce）力的作用，这个力叫作弹力。

一个物体对另一个物体要有弹力作用，两个物体必须有接触；弹力是由于物体发生形变而引起的，若物体没有发生形变，就无需恢复，也就不会产生弹力。因此，弹力产生的条件是接触和发生弹性形变。物体之间的接触可以分为面面接触（face-to-face touching）、点面接触（point-to-face touching）等。面面接触（或点面接触）时，物体间的弹力垂直于切面（tangent plane）并指向受力物体。例如，支持力都是支持物因发生形变而对物体产生的弹力，支持力的方向总是垂直于支持面并指向被支持的物体。

2.3 胡克定律（Hooke's Law）

弹簧（spring）弹力大小遵守胡克定律，即在弹性限度（elastic limit）内，弹簧弹力的大小 f 和弹簧的形变量 x 成正比（direct proportion）：

$$f = kx$$

其中 k 为弹簧的劲度系数（coefficient of stiffness）。

【例】 有一根弹簧的原长 $l_0 = 0.15$ m，在下面挂上 $m = 0.5$ kg 的物体后，长度 l 变成了 0.18 m，求弹簧的劲度系数 k。(g 取 10 N/kg)

解：由胡克定律 $f = kx$ 得：

$$k = \frac{f}{x} = \frac{mg}{l - l_0} = \frac{5}{(0.18 - 0.15)} = 166.7 \text{ N/m}$$

3 摩擦力
Frictional forces

在桌子上给物体一个初速度，物体最后会停下来；要用力才能推动静止（static）在水平面上的物体，这都说明了摩擦力的存在。

3.1 滑动摩擦力（Sliding frictional force）

相互接触的两物体，一个物体在另一物体表面相对滑动(huádòng)时受到的阻碍它相对滑动的力（When a body slides over the surface of another, there arises an interaction which resists the relative motion）就是滑动摩擦力。

滑动摩擦力的方向总跟物体的接触面相切，与物体相对运动（relative motion）的方向相反。实验证明，<u>滑动摩擦力 f 的大小与物体相互之间的正压力 f_N（f_N is the normal force）成正比</u>，关系式表达为

$$f = \mu f_N$$

其中，μ 是常数，叫动摩擦因数（coefficient of kinetic friction），它的数值与相互接触的材料及接触面的粗糙程度有关。

【例】 一个物体质量 $m = 2$ kg，在一沿水平方向的拉力 $F = 10$ N 作用下运动，物体与地面间的动摩擦因数为 $\mu = 0.1$，求物体受到的滑动摩擦力。（重力加速度 g 取 10 m/s²）

根据题意，物体受到的滑动摩擦力

$$f = \mu f_N = \mu mg = 0.1 \times 2 \times 10 = 2 \text{ N}$$

因为物体受到水平拉力 $F = 10$ N，大于滑动摩擦力，所以物体开始运动，受到的滑动摩擦力就是 2 N。

3.2 静摩擦力（Static frictional force）

我们用不大的水平力在水平地板上推箱子，虽然箱子有相对地板运动的趋(qū)势(shì)（trend），但箱子并没有动，这是因为箱子跟地板之间发生了摩擦。这个摩擦力和推力都作用在箱子上，它们的大小相等，方向相反，彼此平衡（balanced），因此箱子保持不动。这时发生的摩擦叫作静摩擦。静摩擦力的方向总跟接触面

相切，并且跟物体相对运动趋势的方向相反。逐渐增大推力，如果推力还不够大，箱子仍旧保持静止不动，所受静摩擦力跟推力仍旧平衡。可见静摩擦力随推力的增大而增大。但是静摩擦力的增大有一个限度，静摩擦力的最大值就是最大静摩擦力（maximum static friction）$f_{\max}$（最大静摩擦力就是物体刚开始运动时所需的最小推力）。两物体间实际发生的静摩擦力 f 在 0 和最大静摩擦力 $f_{\max}$ 之间，即

$$0 \leqslant f \leqslant f_{\max}$$

最大静摩擦力的大小与接触面的性质和正压力有关，正压力越大，最大静摩擦力也最大，在实际中最大静摩擦力略大于滑动摩擦力（The value of the maximum static friction, which is proportional to the normal force f_N, is related to the property of the interface and is generally a little larger than the sliding friction）。

3.3 摩擦力小结（Summary of frictional forces）

摩擦力产生的条件：

1. 接触面粗糙（cū cāo）。
2. 在接触面上有垂直作用的正压力。
3. 有相对运动或者有相对运动趋势。

注意：这里的压力指的是垂直于接触面的正压力，摩擦力的方向与相对运动或者相对运动趋势相反，注意这里是与相对运动或者相对运动趋势相反，而不一定是与物体运动或者运动趋势相反。

本节小结

1. 重力公式：$G = mg$，G 是重力，m 是质量，g 是重力加速度。
2. 胡克定律：$f = kx$，f 是弹簧拉力，k 是弹簧劲度系数，x 是弹簧形变量。
3. 滑动摩擦力：$f = \mu f_N$，f 是滑动摩擦力，μ 是动摩擦因数，f_N 是物体与接触面的压力。
4. 静摩擦：一般认为最大静摩擦力等于滑动摩擦力。

第三节 力的合成与分解
Composition and resolution of forces

1 力的合成
Composition of forces

物体不只受到一个力的作用，经常会同时受到多个力的作用，我们常常可以用等效法（equivalent method）求出这样的一个力，这个力产生的效果（induced effect）与原来的几个力产生的效果相同，这个力就叫那几个力的合力（resultant force），求这几个力的合力就叫力的合成（composition of forces）。

如果几个力都作用在物体的同一点，或者它们的作用线相交于一点，这几个力叫作共点力（concurrent forces）。我们来研究共点力的合成。

如果两个共点力 F_1、F_2 的夹角为零（作用在同一直线上且方向相同），则合力 F 可以直接表示为两个分力的代数相加，即 $F = F_1 + F_2$，合力的方向与两个力的方向相同；如果两个共点力 F_1、F_2 的夹角为 180°（作用在同一直线上且方向相反），则合力 F 可以直接表示为两个分力的代数相减，即 $F = |F_1 - F_2|$，合力的方向与较大的那个力的方向相同；如果两个共点力 F_1、F_2 的夹角在 0 和 180° 之间，那么力的合成满足**平行四边形法则（parallelogram rule）**。如图 1-2 所示，

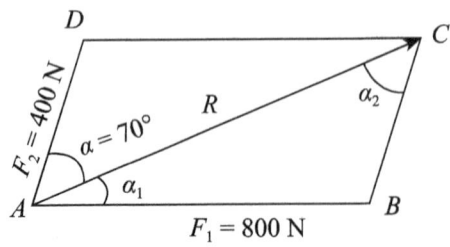

图 1-2 力的合成的平行四边形法则

以 F_1、F_2 为邻边做平行四边形，则平行四边形的对角线方向就是合力 F 的方向，对角线线段的长度就代表合力 F 的大小。

Draw two straight lines in the directions of the corresponding forces, originating at the same point A, as shown in fig. 1-2. Lay off on the lines the magnitudes of the given forces *AB* and *AD* to scale. Then draw lines from *B* parallel to *AD*, and from *D* parallel to *AB*, intersecting at *C*. The diagonal *AC* of the parallelogram *ABCD* thus formed with an arrowhead on *C* represents the resultant force both in magnitude and in direction.

$$F = \sqrt{F_1^2 + F_2^2 + 2F_1F_2\cos\alpha}$$

【例】 两个力 F_1、F_2 合成后是 F_3，下列对应的四组数值中可能的是（ ）。
A. 5 N、8 N、7 N
B. 16 N、2 N、12 N
C. 3 N、4 N、8 N
D. 4 N、20 N、17 N

分析：

依据 $|F_1-F_2| \leqslant F_3 \leqslant F_1+F_2$ 的关系。选项 A 中合力是 3～13 N；B 中是 14～18 N；C 中是 1～7 N；D 中是 16～24 N。所以答案应为 A、D。

2　力的分解

Resolution of a force

力的分解是力的合成的逆过程（inverse process），在实际中，我们不仅仅需要求力的合成，有时，我们需要把一个力分解（resolve）成几个力，这几个力的作用效果与原来的那个力的作用效果相同，这几个力就叫作分力（component forces），求一个力的分力就叫力的分解。

我们已知一条线段，就可以以这条线段为对角线（diagonal line）作出无数个平行四边形，如图1-3所示，已知一条线段 *F*，我们可以作出无数个平行四边形。分解出的无数个平行四边形中，每一个平行四边形的邻边都是力 *F* 的分力，那么，我们究竟该如何选取分力呢？一般来说，我们遵循如下的两条法则：

1. 按力的实际作用效果（induced actual effect）来进行分解。
2. 按计算方便进行分解，一般我们采用正交分解（orthogonal resolution）。

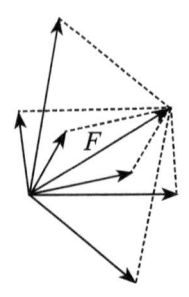

图 1-3 力 F 的分解

【例1】 放在水平面上的物体受一个斜向上的拉力 F，这个力与水平面成 θ 角。

分析：

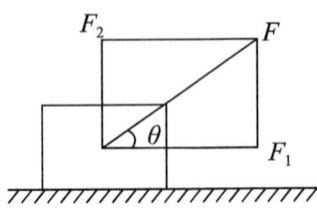

（1）力 F 的作用效果有水平向前拉物体和竖直向上提物体的效果，那么两个分力就在水平方向和竖直方向上。

（2）方向确定，根据平行四边形法则，分解就是唯一的。

（3）如图所示，分解 $F_1 = F\cos\theta$，$F_2 = F\sin\theta$。

【例2】 物体放在斜面上，那么物体受的重力产生了什么样的效果。

分析：

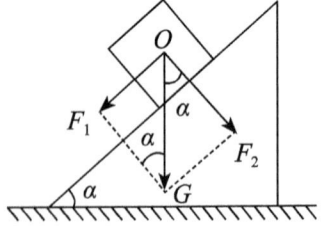

（1）G 方向竖直向下，又不能下落。在垂直于斜面方向产生紧压斜面的力的作用效果；在沿斜面方向上使物体产生沿斜面向下滑动的效果。

（2）两分力方向确定了，分解是唯一的。

（3）$F_1 = G\sin\alpha$，$F_2 = G\cos\alpha$

本节小结

1. 力的合成、合力、分力以及平行四边形法则。

2. 力的分解，一般我们采用正交分解。

练习题

1. 两个相互垂直的力的大小分别是 3 N 和 4 N，其合力大小为（　　）。
   A. 1 N　　　B. 7 N　　　C. 5 N　　　D. 8 N

2. 如图所示，用轻弹簧竖直悬挂质量为 m 的物体，静止时弹簧伸长量为 l。现用该弹簧沿斜面方向拉质量为 $2m$ 的物体，斜面倾角为 30°，斜面光滑。请问系统静止时弹簧的伸长量（　　）。

   A. l　　　B. $2l$　　　C. $0.5l$　　　D. $\dfrac{\sqrt{3}}{2}l$

3. 力的国际单位是（　　）。
   A. 牛顿（N）　B. 千克（kg）　C. 米（m）　D. 焦耳（J）

4. 一根轻质弹簧在 10 N 的拉力作用下，长度由原来的 5 cm 伸长为 7 cm。那么弹簧的劲度系数 k 等于（　　）。
   A. 5 N/m　　B. 50 N/m　　C. 200 N/m　　D. 500 N/m

5. 大小为 3 N 和 4 N 的两个力，它们之间的夹角是 90°，那么合力的大小是（　　）。
   A. 0 N　　　B. 1 N　　　C. 7 N　　　D. 5 N

6. 作用在同一物体上的两个力，大小分别为 6 N 和 9 N，其合力大小可能是（　　）。
   A. 1 N　　　B. 4 N　　　C. 16 N　　　D. 54 N

7. 一根弹簧原长为 10 cm，挂上重 2 N 的物体时，伸长 1 cm，那么这根弹簧挂上重 8 N 的物体时，它的长度为（　　）。
   A. 4 cm　　B. 14 cm　　C. 15 cm　　D. 44 cm

8. 有两个共点力，大小分别是 4 N 和 7 N，则它们的合力大小（　　）。
   A. 最大是 12 N　　　　B. 最小是 3 N
   C. 可能是 28 N　　　　D. 可能是 1 N

9. 一个物体的质量 $m = 5$ kg，它的重力大小约为（　　）。

    A. 5 N　　　　B. 10 N　　　　C. 50 N　　　　D. 0.5 N

10. 物体受到两个力 F_1、F_2 作用，$F_1 = 30$ N，方向水平向左；$F_2 = 40$ N，方向竖直向下。这两个力的合力的大小为（　　）。

    A. 10 N　　　　B. 50 N　　　　C. 70 N　　　　D. 100 N

11. 下列物理量中，哪个不是矢量？（　　）

    A. 质量（m）　　　　　　　　B. 速度（v）

    C. 电场强度（E）　　　　　　D. 动量（P）

12. 大小分别为 15 N 和 20 N 的两个力，同时作用在一个物体上，对于合力 F 大小的估计，正确的说法是（　　）。

    A. $15\text{ N} \leqslant F \leqslant 20\text{ N}$　　　　B. $5\text{ N} \leqslant F \leqslant 35\text{ N}$

    C. $0\text{ N} \leqslant F \leqslant 35\text{ N}$　　　　D. $15\text{ N} \leqslant F \leqslant 35\text{ N}$

13. 如图，一木块放在水平桌面上，在水平方向共受到三个力即 F_1、F_2 和静摩擦力 f 作用，而且三个力的合力为零，其中 $F_1 = 10$ N，$F_2 = 2$ N，若撤去力 F_1，则木块在水平方向受到的合力为（　　）。

    A. 10 N，方向向左　　　　B. 6 N，方向向右

    C. 2 N，方向向左　　　　　D. 0 N

14. 作用在同一物体上的两个力，大小分别为 6 N 和 10 N，其合力大小可能是（　　）。

    A. 1 N　　　　B. 2 N　　　　C. 3 N　　　　D. 4 N

15. 一根弹簧原长为 10 cm，劲度系数为 500 N/cm，下面挂一个重物，所受重力为 250 N，则此时弹簧长度为（　　）。

    A. 0.5 cm　　　　B. 10.5 cm　　　　C. 9.5 cm　　　　D. 10 cm

16. 关于重力，下列说法中正确的是（　　）。

    A. 只有静止的物体才受到重力的作用

    B. 只有做自由落体运动的物体才受到重力的作用

    C. 重力的方向总是与物体的运动方向相同

    D. 重力的方向总是竖直向下的

17. F_1 和 F_2 是共点力,根据平行四边形法则求合力 F,作图正确的是( )。

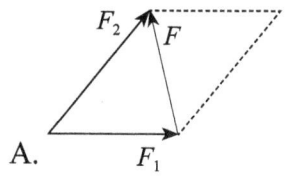
A.

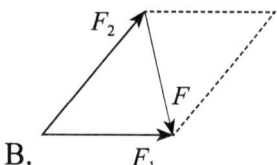
B.

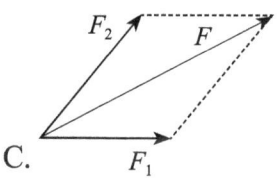
C.

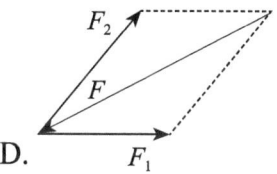
D.

18. 关于摩擦力,下面几种说法中正确的是( )。

   A. 摩擦力的方向总与物体运动的方向相反

   B. 滑动摩擦力总是与物体的重力成正比

   C. 静摩擦力的大小和压力无关

   D. 摩擦力一定是阻力

19. 力的三要素是力的大小、_____和_____。

20. 力的单位是_____。

21. 重力的方向是_____。

22. 一根弹簧挂 0.5 N 的物体时长 12 cm,挂 1 N 的物体时长 14 cm,则弹簧原长是_____。

23. 一弹簧的劲度系数为 500 N/m,若用 200 N 的力拉弹簧,则弹簧伸长_____。

24. 两个力的合力最大值是 10 N,最小值是 2 N,则这两个力的大小分别是_____和_____。

25. 图中重物的质量为 m,轻细线 AO 和 BO 的 A、B 端是固定的。平衡时 AO 是水平的,BO 与水平面的夹角为 θ。细线 AO 的拉力 F 的大小是_____。

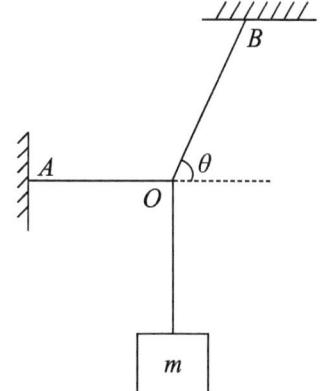

26. 两个方向相互垂直的力作用在一个物体上，这两个力的大小分别为 6 N 和 8 N，它们合力的大小是_____。

27. 有一根原长为 $l_0 = 10$ cm 的弹簧，劲度系数 $k = 200$ N/m，若在弹簧的下面挂上质量 $m = 0.6$ kg 的重物，则弹簧的长度 l 变成_____cm。（g 取 10 N/kg）

28. 一个质量 $m = 4$ kg 的物体放在水平地面上，如图所示。地面和物体的动摩擦因数 $\mu = 0.2$。当有一个水平向右的拉力 $F = 10$ N 作用在物体上时，为使物体保持静止，则水平向左的拉力 F' 的大小为_____。

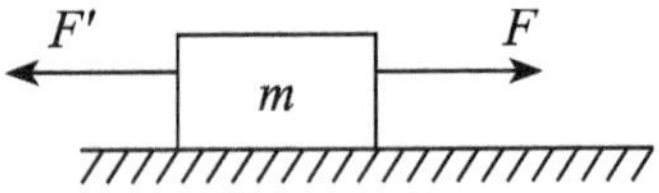

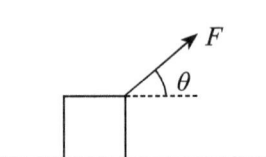

29. 如图所示，物体质量为 m，在一与水平方向成 θ 角的拉力 F 作用下沿水平面运动，物体与地面间的动摩擦因数为 μ，求物体受到的滑动摩擦力。（重力加速度为 g）

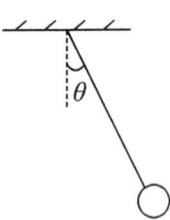

30. 如图，悬挂在天花板下重 60 N 的小球，在均匀的水平风力作用下偏离了竖直方向 $\theta = 30°$。求风对小球的作用力和绳子的拉力。

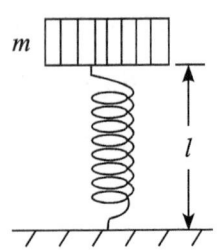

31. 如图，弹簧上压着质量为 m 的物体，这时弹簧长 l，若弹簧的劲度系数为 k，求弹簧原长。（重力加速度为 g）

2 运动 Motion

第一节 运动
Motion

在物质（matter）运动中，最简单的一种是物体位置（position）随时间的变动，即宏观物体之间或物体内各部分之间的相对位置变动。例如，各种交通工具的行驶，称为机械运动（mechanical motion）。

1 质点
Particle

在物理学中，为了突出研究对象的性质，暂不考虑一些次要的因素（factor），经常引入一些理想的模型来代替实际的物体。"质点"就是一个理想化的模型。

在研究机械运动时，**若不涉及物体的转动（rotation）和形变，我们可不考虑物体的形状和大小，把它们当作一个具有质量的点（即质点）来处理**。例如，人们通常把单摆的摆球、火车站之间行驶的列车当作质点。

运动的质点通过的路线，叫作质点的运动轨迹（motion trajectory）。铅笔尖在纸上划过以后，留下的痕迹就是笔尖的运动轨迹。**如果质点的运动轨迹是直线，这样的运动叫作直线运动（rectilinear motion）；如果质点的运动轨迹是曲线，这样的运动叫作曲线运动（curvilinear motion）**。这一章研究直线运动。

2　参考系和坐标系
Reference frame and coordinate system

某物体的运动总是相对于另一些选定的参考物体而言的。例如，研究汽车运动时，常用街道和房屋作为参考物。**这些作为研究物体运动时所参考的物体，称为参考系。**

参考系的选择对描述（describe）物体的运动具有重要意义。为了把物体各个时刻（instant time）相对于参考系的位置定量（quantitative）地表示出来，还需要在参考系上选择适当的坐标系。**通常用的坐标系是直角坐标系（rectangular coordinate system）。**

3　时间和时刻
Time interval and instant time

时间和时刻是运动学（kinematics）中的基本概念。**时间对应着一个过程量，而时刻对应着一个瞬时量。**例如，我们说上午 8 点上课，8 点 45 下课，这里的"8 点"和"8 点 45"就是指的上课和下课的那一瞬间（instant），它们指这节课开始和结束的时刻，而这两个时刻的间隔为 45 分钟，它是一个过程量，这里的"45 分钟"就是两个时刻的时间间隔，在不引起歧义的情况下，一般我们用"时间"代替"时间间隔"。

在国际单位制中，时间的单位是秒，用符号 s 表示；有时也用时、分，分别用符号 h、min 表示。

4　位移和路程
Displacement and length of path

由北京到上海，你可以选择不同的路线，可以乘火车、飞机等不同的交通工具，运动的轨迹是不一样的，走过的路程也不相同。但是，就位置变动而言，你总是由初位置北京到了末位置上海。如图 2-1 所示。

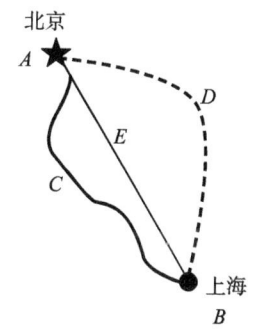

图 2-1　从北京到上海，路程不同但位移相同

物理学中，我们用位移（wèi yí）这个物理量来表示物体位置的变动。设物体从初位置 A 运动到末位置 B，从 A 指向 B 的有向线段 AB，就可以表示质点在这次运动中所发生的位移。有向线段的长度表示位移的大小，有向线段的方向代表位移的方向。所以**位移是有大小、有方向的物理量，是一个矢量**。我们常用 s 代表物体的位移。

位移和路程不同。路程是质点运动轨迹的长度。在图 2-1 中，质点的位移是有向线段 AB，而路程是曲线 ACB、ADB 或 AEB。**路程只有大小，是个标量**。

5　运动快慢的描述——速度

The description of fast motion and slow motion —velocity

在物理学中，我们用速度描述一个物体运动的快慢。我们定义平均速度（píng jūn）（average velocity）v 为：

$$v = \frac{s}{t}$$

其中 s 为物体运动所通过的位移，t 为物体通过这段位移所用的时间。可见，平均速度是和时间间隔对应的，它对应着一个过程量。

在很多的时候，我们想知道物体某一时刻或某一位置时的速度，这时我们就要用到瞬时速度（instantaneous velocity）。瞬时速度是精确描述变速运动快慢和方向的物理量。

【例】 一辆汽车以速度 $v = 4$ m/s 沿着公路做匀速直线运动,它走过 100 m 需要的时间是（　　）。

A. 25 s　　　　B. 20 s　　　　C. 15 s　　　　D. 10 s

根据题意,汽车做匀速直线运动,

$$t = \frac{s}{v} = 25 \text{ s}$$

所以答案为 A。

本节小结

1. 位移是矢量,有大小和方向;路程是标量,只有大小没有方向。

2. 速度是描述一个物体运动快慢的物理量,平均速度的公式是 $v = \frac{s}{t}$。

第二节　匀速直线运动
Uniform rectilinear motion

质点的运动轨迹是直线的运动称为直线运动。**速度不变的直线运动称为匀速直线运动（yún sù）。匀速直线运动的速度不变，在相等的时间间隔内，通过的位移相等。**

在匀速直线运动中，质点的速度是不变的。在直线运动中，我们可以规定一个正方向，与正方向的方向相同的矢量，其方向为正；反之，其方向为负。这样的话，匀速直线运动中，速度 v 定义为：

$$v = \frac{\Delta s}{\Delta t}$$

其中，$\Delta s = s - s_0$，$\Delta t = t - t_0$，s_0、t_0 分别代表**初始位移**（initial displacement）和**初始时刻**（initial instant time）。

我们可以在直角坐标系中画出位移-时间关系图（relation graph of displacement and time）。如图 2-2 所示，图线的斜率（xié lǜ）代表速度的大小，斜率越大，速度越大。

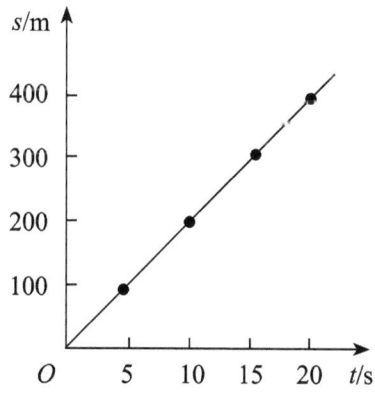

图 2-2　匀速直线运动的位移-时间关系图

另外，我们还可以画出速度-时间关系图（relation graph of velocity and time）。在匀速直线运动中，因为速度是不变的，所以平均速度和瞬时速度相等。如图 2-3 所示，在速度-时间关系图中，图线下面的面积代表位移的大小。

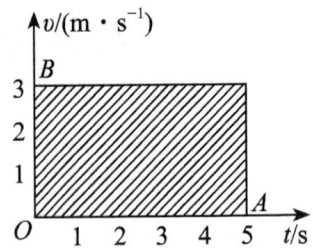

图 2-3　匀速直线运动的速度-时间关系图

本节小结

匀速直线运动是速度不变的直线运动，速度公式是：$v = \dfrac{\Delta s}{\Delta t}$。

第三节 变速直线运动
Variable rectilinear motion

1 变速直线运动
Variable rectilinear motion

通常做直线运动的物体，一般要经历从静止到运动，又由运动到静止的过程，在这一过程中，物体运动的快慢是不断变化（change）的。例如，飞机起飞的时候，在跑道上越来越快；火车进站的时候，运动越来越慢。它们的共同特点（feature）是在相等的时间内位移不相等，我们称之为变速直线运动。

物体在一条直线上运动，如果在相等的时间内（same time interval），位移不相等（different displacement），这种运动就叫作变速直线运动。

2 匀变速直线运动
Uniform variable rectilinear motion

物体在一条直线上运动，如果在相等的时间内速度的变化相等（same change of velocity），这种运动就叫作匀变速直线运动。

2.1 加速度（Acceleration）

加速度是表示物体速度改变快慢的物理量，它等于速度的改变量与发生这一改变所用的时间的比值（ratio）。 用 v_0 表示物体开始时刻的速度（初速度），用 v_t 表示经过一段时间 t 之后，t 时刻末的速度（末速度），速度的改变量 $\Delta v = v_t - v_0$，用 a 表示加速度，则直线运动的加速度 a 定义为：

$$a = \frac{\Delta v}{t} = \frac{v_t - v_0}{t}$$

在国际单位制中，加速度的单位是米每二次方秒，用符号 m/s² 表示。**加速度不但有大小，而且有方向，也是矢量。** 加速度的大小在数值上等于单位时间内速度的改变量，加速度的方向与速度变化量的方向是一致的。

匀变速直线运动是加速度不变的运动。在匀变速直线运动中，如果加速度 $a>0$，我们称之为匀加速直线运动（uniformly accelerated rectilinear motion）；反之，如果加速度 $a<0$，我们称之为匀减速直线运动。

2.2 匀变速直线运动规律（Law of uniform variable rectilinear motion）

匀变速直线运动的速度和时间的关系：

$$v_t = v_0 + at$$

这就是匀变速直线运动中的速度公式。图 2-4 为匀加速直线运动中速度-时间关系图。

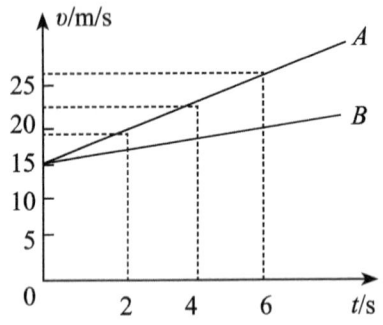

图 2-4　匀加速直线运动中速度-时间关系图

在图中，直线的斜率代表加速度的大小，斜率为正，说明加速度为正，物体做匀加速直线运动；斜率为负，说明加速度为负，物体做匀减速直线运动。斜率越大，物体的加速度也越大。速度和时间的关系图中，一定时间内，直线下面所围的面积对应位移的大小。

在匀变速直线运动中，位移公式如下：

$$s = v_0 t + \frac{1}{2} at^2$$

另外，由速度公式和位移公式联立（simultaneous）消去时间 t，我们可以得到位移、加速度和速度之间的关系式：

$$v_t^2 - v_0^2 = 2as$$

本节小结

1. 匀变速直线运动是加速度不变的运动。

2. 加速度是表示物体速度改变快慢的物理量。加速度公式为 $a = \dfrac{\Delta v}{t} = \dfrac{v_t - v_0}{t}$。

3. 匀变速直线运动的速度和时间的关系：$v_t = v_0 + at$。

4. 匀变速直线运动位移公式：$s = v_0 t + \dfrac{1}{2} at^2$。

5. 位移、加速度和速度之间的关系式：$v_t^2 - v_0^2 = 2as$。

第四节　自由落体运动

Free falling motion

1　自由落体运动
Free falling motion

自由落体运动：物体只在重力的作用下从静止开始下落的运动（objects falling from the still state only by the force of gravity）。自由落体运动是初速度为零的匀加速直线运动（Free falling motion is uniformly accelerated motion along a straight line with zero initial velocity）。

2　自由落体运动的规律
Law of free falling motion

在同一地点，从同一高度同时下落的物体会同时到达地面。这就是说，这些初速度为零的匀加速直线运动，在相同的时间里发生了相同的位移，它们的加速度一定相同。

在同一地点，一切物体在自由落体运动中的加速度相同。这个加速度叫自由落体加速度，也叫重力加速度（acceleration of gravity），通常用 g 来表示，其方向为竖直向下。通常的计算中 g 值取 9.8 m/s^2，粗略计算时 g 值取 10 m/s^2。因为自由落体运动是初速度为零，加速度为 g 的匀加速直线运动，所以其公式为：

$$v_t = gt$$

$$h = \frac{1}{2}gt^2$$

其中 h 是下落高度，g 是重力加速度，t 是下落时间。

【例】从离地面 500 m 的空中自由落下一个小球，则小球经过多长时间落到地面？（g 取 10 m/s^2）

根据题意：由自由落体运动的公式

$$t = \sqrt{2h/g} = \sqrt{2 \times \frac{500}{10}} = \sqrt{100} = 10 \text{ s}。$$

所以小球经过 10 s 落到地面。

本节小结

1. 自由落体运动是物体只在重力的作用下从静止开始下落的运动，是一种初速度为零的匀加速直线运动。

2. 自由落体运动公式：$h = \frac{1}{2}gt^2$。

第五节 匀速圆周运动
Uniform circular motion

我们已经知道，速度方向与力的方向在同一条直线上，物体做直线运动；不在同一直线上，物体做曲线运动。在曲线运动中，有一种特殊的运动形式，物体运动的轨迹是一个圆周或一段圆弧，称为圆周运动。在圆周运动中，最简单的是匀速圆周运动，这节我们就来研究匀速圆周运动。

质点沿圆周运动，如果在相等的时间里通过的圆弧长度相同，这种运动就叫匀速圆周运动。

If a particle, moving on a circular path, covers equal arc lengths in equal intervals of time, its motion is known as uniform circular motion.

1 线速度、角速度和周期
Linear velocity, angular velocity and period

物体在做匀速圆周运动时，运动的时间 t 增大几倍，通过的弧长（arc length）也增大几倍，所以对于某一匀速圆周运动而言，s 与 t 的比值越大，物体运动得越快。单位时间内通过的弧长越长，表示运动得越快。这个比值代表匀速圆周运动中线速度的大小，用符号 v 表示，则有：

$$v = \frac{s}{t}$$

线速度是相对下面要讲的角速度而命名的，线速度是物体做匀速圆周运动的瞬时速度。线速度是矢量，它既有大小，也有方向。由于匀速圆周运动是曲线运动，线速度的方向在圆周各点的切线方向（tangential direction）上，如图2-5所示。匀速圆周运动是一种非匀速运动，尽管线速度的大小不变，但线速度的方向在时刻改变。因此，**匀速圆周运动的"匀速"指的是速率（speed）大小不变。**

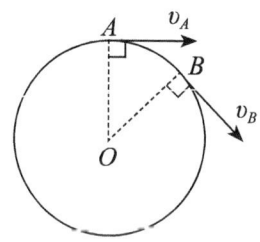

图 2-5 匀速圆周运动中线速度的方向

匀速圆周运动的快慢也可以用角速度来描述。物体在圆周上运动得越快，连接运动物体和圆心的半径在单位时间内转过的角度就越大，所以匀速圆周运动的快慢可以用半径转过的角度 φ 与所用的时间的比值来表示。这个比值叫匀速圆周运动的角速度，用符号 ω 来表示，则有：

$$\omega = \frac{\varphi}{t}$$

我们知道，圆心角（central angle）φ 与弧长 s 成正比，所以对于某一确定的匀速圆周运动，ω 是个定值。

角速度的单位取决于角度和时间的单位。在国际单位制中，角速度的单位是弧度（radian）每秒，符号是 rad/s。

匀速周圆运动的一个显著特点是具有周期性（periodicity）。所谓周期（period）是指，物体运动一段时间后，又重新回到原来的位置，瞬时速度也回到原来的大小和方向。做匀速圆周运动的物体沿圆周运动一周所用的时间称为一个周期，周期一般用符号 T 表示。**周期也是描述物体运动快慢的物理量，周期长说明物体运动得慢，反之则说明物体运动得快**。

周期的倒数叫频率（frequency），用符号 f 表示：

$$f = \frac{1}{T}$$

频率的单位是赫兹（hertz），用符号 Hz 表示。它表示物体单位时间内完成了多少个周期的运动。频率越高说明物体运动得越快。

2 线速度、角速度和周期的关系

Relation of linear velocity, angular velocity and period

线速度、角速度和周期都可以来描述匀速圆周运动的快慢，它们之间有什么关系呢？

物体沿半径为 r 的圆周运动，则一个周期 T 内转过的弧长为 $2\pi r$，转过的角度为 2π，所以线速度和角速度分别为：

$$v = \frac{2\pi r}{T} \qquad \omega = \frac{2\pi}{T}$$

本节小结

1. 质点沿圆周运动，如果在相等的时间里通过的圆弧长度相同，这种运动就叫匀速圆周运动。

2. 线速度：$v = \dfrac{s}{t}$。

3. 角速度：$\omega = \dfrac{\varphi}{t}$。

4. 周期与频率的关系：$f = \dfrac{1}{T}$。

5. 线速度、角速度和周期的关系：$v = \dfrac{2\pi r}{T}$；$\omega = \dfrac{2\pi}{T}$。

第六节 向心力 *
Centripetal force

1 向心力
Centripetal force

匀速圆周运动是一种曲线运动，由物体沿曲线运动的条件可知，物体必定受到一个与它的速度方向不在同一条直线上的合外力作用，这个合外力的方向有何特点呢？我们先来看以下实验。

将一个小球拴在绳的一端，绳的另一端固定于光滑水平桌面上，细绳刚开始处于松弛状态，给小球一个初速度，小球做匀速直线运动。当绳绷直时，小球做匀速圆周运动，如图 2-6。

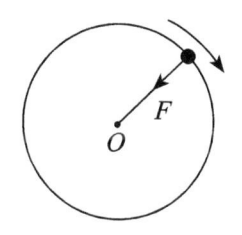

图 2-6 向心力的方向

细绳绷紧前，在水平方向上不受力，小球沿直线运动；绳绷紧后，小球受到一个指向圆心的力而沿圆周运动。我们把这个力叫向心力，用符号 F 表示。

沿圆周匀速运动的物体受到一个指向圆心的合力的作用，这个力叫向心力。向心力指向圆心，方向不断变化。向心力的作用效果，只改变运动物体的速度方向，不改变速度大小，即向心力的方向和线速度的方向垂直，线速度为切线方向。

实验表明，匀速圆周运动所需向心力 F 的大小为：$F = m\omega^2 r$

2 向心加速度
Centripetal acceleration

做圆周运动的物体，在向心力 F 的作用下必然要产生一个加速度，据牛顿定律得到：这个加速度的方向与向心力的方向相同，叫作向心加速度。由向心力公式我们可以得到向心加速度 a 的表达式（expression）：

$$a = \omega^2 r$$

练习题

1. 关于速度和加速度的关系，下列说法正确的是（　　）。

    A. 加速度很大，说明速度一定很大

    B. 加速度很大，说明速度的变化一定很大

    C. 加速度很大，说明速度的变化率（rate of change）一定很大

    D. 只要有加速度，速度就会不断增加

2. 关于匀速直线运动，下列说法中正确的是（　　）。

    A. 瞬时速度不变的运动，一定是匀速直线运动

    B. 速率不变的运动，一定是匀速直线运动

    C. 相同时间内平均速度相同的运动，一定是匀速直线运动

    D. 瞬时速度的方向始终不变的运动，一定是匀速直线运动

3. 下列说法正确的是（　　）。

    A. 运动物体在某一时刻的速度可能很大而加速度可能为零

    B. 运动物体在某一时刻的速度可能为零而加速度可能不为零

    C. 在初速度为正、加速度为负的匀变速直线运动中，速度不可能增大

    D. 在初速度为正、加速度为正的匀变速直线运动中，当加速度减小时，它的速度也减小

4. 物体通过两个连续相等位移的平均速度分别为 $v_1 = 10$ m/s，$v_2 = 15$ m/s，则物体在整个运动过程中的平均速度是（　　）。

    A. 12.5 m/s   B. 12 m/s   C. 12.75 m/s   D. 11.75 m/s

5. 下列关于路程和位移的说法中，正确的是（　　）。

    A. 位移为零时，路程一定为零

    B. 路程为零时，位移不一定为零

    C. 物体沿直线运动时，位移的大小可以等于路程

    D. 物体沿曲线运动时，位移的大小可以等于路程

6. 物体由静止开始做匀加速直线运动，若第 1 s 内物体通过的位移是 0.5 m，则第 2 s 内通过的位移是（　　）。

　　A. 0.5 m　　　　B. 1.5 m　　　　C. 2.5 m　　　　D. 3.5 m

7. 物体从距地面某高处开始做自由落体运动，若下落前一半路程所用的时间为 t，则物体下落全程所用的时间为（　　）。

　　A. $\sqrt{2}\,t$　　　　B. $4t$　　　　C. $2t$　　　　D. $2\sqrt{2}\,t$

8. 一个物体做自由落体运动，则（　　）。（g 取 10 m/s²）

　　A. 物体 2 s 末的速度为 20 m/s

　　B. 物体 2 s 末的速度为 10 m/s

　　C. 物体 2 s 内下落的高度是 40 m

　　D. 物体 2 s 内下落的高度是 30 m

9. A、B 两车在公路上沿同一方向做直线运动，它们的 v-t 图像如图所示。两图像在 $t = t_1$ 时相交于 P 点，则关于两个物体在 P 点的关系正确的是（　　）。

　　A. 位移相同

　　B. 速度相同

　　C. 加速度相同

　　D. 路程相同

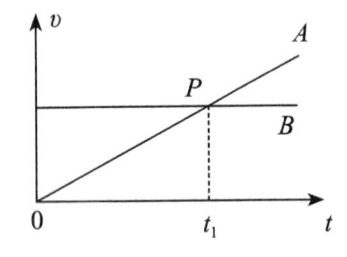

10. 一个质点沿半径为 r 的圆做匀速圆周运动，周期是 4 s。1 s 内质点的位移大小和路程大小分别是（　　）。

　　A. $\dfrac{\pi}{2}r$，$\sqrt{2}\,r$　　　　　　　　B. $\dfrac{\pi}{2}r$，$\dfrac{\pi}{2}r$

　　C. $\sqrt{2}\,r$，$\dfrac{\pi}{2}r$　　　　　　　　D. r，$\dfrac{\pi}{2}r$

11. 如图所示，物体沿着两个半圆弧由 A 运动至 C。它的位移和路程分别是（　　）。

　　A. $4r$ 向右，$2\pi r$ 向右

　　B. $4\pi r$ 向右，$4r$ 向右

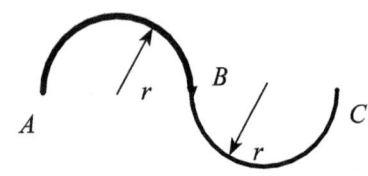

C. 4r 向右，2πr

D. 4r，2πr

12. 在匀变速直线运动的过程中，正确的是（　　）。
    A. 速度的大小不变　　　　　　B. 加速度不变
    C. 加速度大小不变　　　　　　D. 平均速度不变

13. 质点以速度 $v = 4$ m/s 做匀速圆周运动，圆周运动的半径 $r = 2$ m，则圆周运动的周期 T 为（　　）。

    A. π s　　　B. 2π s　　　C. $\dfrac{1}{\pi}$ s　　　D. $\dfrac{1}{2}\pi$ s

14. 下列物理量中，哪个是矢量（　　）。
    A. 质量（m）　　　　　　B. 位移（r）
    C. 温度（T）　　　　　　D. 路程（s）

15. 匀加速直线运动的加速度（　　）。
    A. 不变　　　　　　　　　　B. 越来越大
    C. 越来越小　　　　　　　　D. 以上都不对

16. 一个质点做匀速圆周运动，那么下列哪个物理量不变？（　　）
    A. 线速度　　　　　　　　　B. 向心加速度
    C. 向心力　　　　　　　　　D. 速率

17. 物体由静止开始做匀加速直线运动，若第 1 s 内物体通过的位移是 0.5 m，则 2 s 内通过的位移是（　　）。
    A. 1 m　　　B. 2 m　　　C. 3 m　　　D. 4 m

18. 某汽车以 80 km/h 的速度从 A 地到 B 地做匀速直线运动，若两城距离为 160 km，则该汽车从 A 地到 B 地需要的时间为（　　）。
    A. 2 s　　　B. 2 h　　　C. 2 min　　　D. 120 s

19. 某物体做匀速圆周运动，设半径为 r，周期为 T，则匀速圆周运动的线速度大小和角速度分别为（　　）。

    A. $\dfrac{2\pi}{T}$，$\dfrac{2\pi r}{T}$　　B. $\dfrac{2\pi r}{T}$，$\dfrac{2\pi}{T}$　　C. $\dfrac{\pi}{T}$，$\dfrac{\pi r}{T}$　　D. $\dfrac{\pi r}{T}$，$\dfrac{\pi}{T}$

20. 某物体做直线运动，先以 5 m/s 的速度运动 4 s，又以 2.5 m/s² 的加速度继续运动 4 s，则该物体第 8 s 末的速度大小是（　　）。

  A. 10 m/s   B. 15 m/s   C. 20 m/s   D. 25 m/s

21. $t = 0$ 时，A、B 两辆汽车在同一地点沿同一方向做直线运动，两车的 v-t 图像如图，直线 a、b 分别描述了 A、B 两车在 0～20 s 的运动情况。关于两车之间的位置关系，下列说法正确的是（　　）。

  A. 在 0～10 s 内两车慢慢靠近

  B. 在 10～20 s 内两车慢慢远离

  C. 在 t = 10 s 时两车的速度相等

  D. 在 t = 10 s 时两车的位移相等

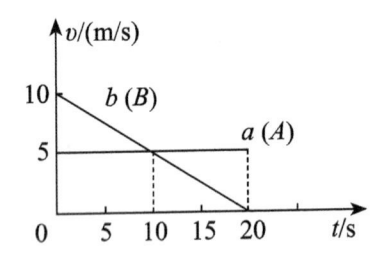

22. 一个物体做自由落体运动，若 g 取 10 m/s²，则物体在 4 s 末的速度大小为（　　）。

  A. 10 m/s   B. 20 m/s   C. 30 m/s   D. 40 m/s

23. 一辆汽车以速度 v = 5 m/s 沿着公路做匀速直线运动，在 3 s 内，它走过的路程是（　　）。

  A. 5 m   B. 15 m   C. 30 m   D. 50 m

24. 一物体由静止开始自由下落，一段时间后突然受一个恒定的、水平向右的风力的作用，但过了一段时间风突然停止，则其运动轨迹可能下列中的（　　）。

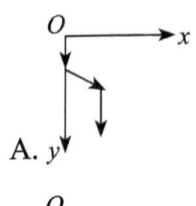

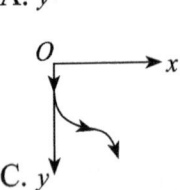

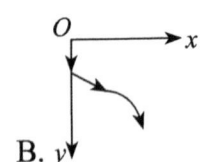

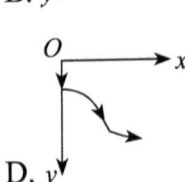

25. 某物体质量为 10 kg，做匀速直线运动，速度为 5 m/s，运动时间为 1 min，则运动的位移为（　　）。

  A. 5 m   B. 50 m   C. 300 m   D. 10 m

26. 一个物体做自由落体运动，若 g 取 10 m/s²，则物体在 2 s 内的位移大小为（　　）。

   A. 10 m　　　　B. 20 m　　　　C. 30 m　　　　D. 40 m

27. 某物体做匀速圆周运动，设半径为 r，频率为 f，则匀速圆周运动的线速度大小和角速度分别为（　　）。

   A. $2\pi f$，$2\pi fr$　　　　　　B. $2\pi fr$，$2\pi f$

   C. πf，πfr　　　　　　　D. πfr，πf

28. 一个物体做直线运动，其 v-t 图像如图所示，由此可以判断该物体做的是（　　）。

   A. 初速度为零的匀加速运动

   B. 初速度不为零的匀加速运动

   C. 匀速运动

   D. 匀减速运动

29. 一辆汽车以 2 m/s² 的加速度在路面上做匀加速直线运动，已知汽车的初速度为 3 m/s，则汽车在 4 s 末的速度是_____，4 s 内经过的位移是_____。

30. 甲、乙两个弹簧振子，甲完成了 12 次全振动，在相同时间内，乙刚好完成了 6 次全振动，则甲、乙振动周期之比_____。

31. 一个物体做自由落体运动，它下落 3 s 时的位移是_____。（g 取 10 m/s²）

32. 某物体做匀速圆周运动的周期 T 为 1 s，则它的频率 f 为_____。

33. 公交车进站时做匀减速运动，加速度的大小为 2 m/s²，初速度为 10 m/s，经过_____s 车子停止。

34. 某物体做匀速圆周运动的周期为 2 s，则它的频率为_____。

35. 某物体做直线运动，先以 5 m/s 的速度运动 4 s，又以 2.5 m/s² 的加速度继续运动 4 s，最后做匀减速直线运动，第 12 s 末停止。求：

   （1）物体第 8 s 末的速度。

   （2）物体做匀减速运动的加速度。

36. 一个同学从 A 地出发，向东走了 400 m 到 B 地，又向西走了 700 m 到 C 地，再向南走 400 m 到 D 地。试求：

（1）该同学共走了多少路程？

（2）该同学到 D 地时离出发点 A 地的位移。

37. 一个物体从塔顶自由下落，测得物体落地前最后 1 s 内下落的高度是塔高的 9/25，求：（g 取 10 m/s²）

（1）塔的高度。

（2）物体下落的时间。

3 牛顿定律
Newton's Laws

在第一章我们学习了物体在静止或匀速直线运动状态（state）（zhuàng tài）下的受力问题，这部分内容在物理学中叫作静力学（statics）。在第二章我们研究了物体的运动，这部分内容在物理学中属于运动学。在前两章知识的基础上，我们在第三章里来研究运动和力的关系，它的基础是牛顿第一定律和第二定律，这部分内容在物理学中属于动力学（dynamics）。

学习动力学的知识后，我们可以在知道物体受力情况后，确定物体的运动状态；可以在知道物体的运动状态的情况下，确定它的受力情况。动力学的知识在科学研究和生产实际中有着非常广泛的应用，如研究交通工具的速度问题、天体的运动问题等。我们从牛顿第一定律开始。

第一节 牛顿第一定律
Newton's First Law

1 引言 *
Introduction

在桌上放着一本物理书，它是静止的，怎样才能让它运动起来呢？要用力去推它。从这个例子可以看出物体要运动，需要对它施加力的作用。力是使物体运动的原因吗？这是一个运动和力的关系问题。这个问题在2000多年前人们就对它进行了研究。2000多年前，古希腊哲学家亚里士多德根据当时人们对运动和力的关系的认识提出一个观点：必须有力作用在物体上，物体才能运动。这种观点的提出是很自然的。我们从周围的事情出发，很容易就会得到这个结论，如车不推就不走，门不拉不开等。到 17 世纪，意大利科学家伽利略指出这种说法是错误的，他分析道：运动的车停下来是由于摩擦力的原因，运动物体减速的原因是摩擦力。伽利略提出了自己的看法，他指出：物体一旦具有某一速度，没有加速（accelerate）和减速的原因，这个速度将保持不变。这里所指的减速的原因就是摩擦力。

为了证实结论的正确，伽利略设计了一个理想实验（lǐ xiǎng shí yàn）（thought experiment），下面利用一个跟他的理想实验装置相似的实验，向大家介绍一下伽利略的实验。有两个斜面，用一个小球放到左边的斜面上，放手后小球从左边斜面上滚下后滚到右边的斜面上。在有摩擦力的情况下，到达右边斜面的高度比左边的释放高度要低。

伽利略所设计的实验是这样的：实验装置跟现在的一样，实验时若没有摩擦力（当然没有摩擦力是不可能的，所以他的实验是想象中的理想实验），小球在这个理想实验中会怎样运动。把小球放到左边斜面的某一个高度，放手后（由于受力的作用），做加速运动，所以小球从斜面上滚下时，会越滚越快；到右边斜面下端时（由于所受力的方向与速度方向相反），开始做减速运动，小球会越滚越慢。在没有摩擦力的情况下，小球应达到左边的释放高度。改变右边斜面的倾角，使之变小，小球仍要达到同样的高度，就要在斜面上走更远的距离。当右边倾角为零时，小球将一直滚下去也永远达不到左边的释放高度，因此这个速度将保持不变。这个实验虽然是个理想实验，但却是符合科学道理的。法国科学家笛卡尔补充和完善了伽利略的论点，提出了惯性定律：如果没有其他原因，运动的物体将继续以同一速度沿着一条直线运动，既不会停下来，也不会偏离原来的方向。伽利略和笛卡尔对物体的运动做了准确的描述，但是没有指明加速、减速和匀速运动的原因是什么，以及这个原因与运动的关系是什么。而牛顿回答了这个问题。

2 牛顿第一定律
Newton's First Law

牛顿总结了前人的经验，指出了加速和减速的原因，并指出了这个原因与运动的关系，这就是牛顿第一定律：

一切物体总保持匀速运动状态或静止状态，直到有外力迫使它改变这种状态为止。

If the net force acting on a body is zero, things at rest tend to stay at rest, and things moving tend to continue moving.

物体的这种保持原来的匀速直线运动或静止状态的性质叫惯性（guànxìng）（inertia），所以牛顿第一定律又叫惯性定律（law of inertia）。

从牛顿第一定律可以看出：

（1）物体在不受力时，总保持匀速运动状态或静止状态。

（2）物体的这种保持原来的匀速直线运动或静止状态的性质叫惯性。

（3）物体运动状态的改变需要外力。

力是改变物体运动状态的原因，而惯性是维持物体运动的原因（A force is the reason for the change of the motion state, while inertia is the reason for the continuing moving of the object）。

3 物体运动状态的改变
Change of the motion state

一个物体，如果它的速度的大小和方向保持不变，我们就说，这个物体的运动状态保持不变。如果一个物体的速度发生了变化，即大小或方向发生了变化，或大小和方向同时发生了变化，我们就说物体的运动状态发生了变化。

从牛顿第一定律知道，如果物体不受力，则物体的运动状态不发生变化；也就是说，如果物体的运动状态发生了变化，那么这个物体一定受到了力的作用。

我们已知道，物体运动状态改变时，即速度发生了变化，这时就要产生加速度，而力又是改变物体运动状态的原因，那么，**力是物体产生加速度的原因**（**A force is the reason for the formation of the acceleration**）。

4 质量是物体惯性大小的量度
Mass is a measure of the inertia

物体保持原来的匀速直线运动或静止状态的性质叫惯性。物体运动状态的改变与物体的惯性有关。质量小的物体，运动状态容易改变，我们说它惯性小；质量大的物体，运动状态不容易改变，我们说它惯性大。可见，**质量是物体惯性大小的量度**。

既然物体运动状态的改变和加速度有关，而加速度的大小又和物体的受力与质量有关，那么它们的具体关系是怎样的呢？这就是牛顿第二定律要解决的问题。

本节小结

1. 牛顿第一定律：一切物体总保持匀速运动状态或静止状态，直到有外力迫使它改变这种状态为止。

2. 力是改变物体运动状态的原因，而惯性是维持物体运动的原因。

3. 质量是物体惯性大小的量度。

第二节 牛顿第二定律
Newton's Second Law

1 加速度和力的关系
Relationship between acceleration and forces

我们先看一个实验：图 3-1 中是两辆质量相同的小车，放在光滑的水平板上，小车的前端各系上细绳，绳的另一端跨过定滑轮（pulley）各挂一个小盘，盘里放有数量不等的砝码，使两辆小车在不同的拉力下做匀加速运动。

实验的做法：

1. 在两砝码盘中放不同数量的砝码，以使两小车所受的拉力不同。
2. 打开夹子，让两辆小车同时从静止开始运动，一段时间后关上夹子，让它们同时停下来。

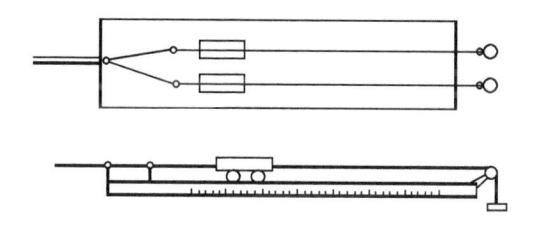

图 3-1 研究牛顿第二定律的实验装置

由实验现象得到：小车的位移与他们所受的拉力成正比。

推理得到结论：**对质量相同的物体，物体的加速度与作用在物体上的力成正比。**

2 加速度和质量的关系
Relationship between acceleration and mass

下面还是从实验出发来研究加速度和质量的关系。实验装置同上。本次实验是使两辆小车所受拉力相同，而在一辆小车上加放砝码，以增大质量，研究加速度和质量之间的关系。

实验现象（phenomenon）：在相同的时间里，质量小的那辆小车的位移大。

得到结论：**在相同的力作用下，物体的加速度跟物体的质量成反比**（inverse ratio）。

3 牛顿第二定律
Newton's second law

综合上述实验中得到的两个关系，可以得出下述结论：

物体的加速度跟作用力成正比，跟物体的质量成反比，且加速度的方向与引起这个加速度的力的方向相同。

The acceleration of an object is directly proportional to the net force acting on the object, is in the direction of the net force, and is inversely proportional to the mass of the object.

牛顿第二定律为：

$$F = ma$$

上面的结论是物体受到一个力作用时的情况。当物体同时受到几个力作用时，上述关系可推广为：物体的加速度跟所受的合力成正比，跟物体的质量成反比，加速度的方向跟合力的方向相同。即：

$$F_合 = ma$$

从牛顿第二定律可以看出：只有物体受到力的作用，物体才具有加速度。力恒定不变，加速度也恒定不变；力随着时间改变，加速度也随着时间改变；力的作用停止，则加速度也随即消失。

【例】 一个原来静止在水平面上的物体，质量为 2 kg，在水平方向受到 4 N 的拉力，物体跟平面的滑动摩擦力是 2 N，求物体 4 s 末的速度。

解答如下：

根据题意可知：物体在水平方向受到两个力的作用，合力为：

$$F_合 = F - f = 4 - 2 = 2 \text{ N},$$

根据牛顿第二定律，合外力提供加速度：

$$a = \frac{F}{m} = 2 \div 2 = 1 \text{ m/s}^2。$$

物体 4 s 末的速度：

$$v_t = v_0 + at = 1 \times 4 = 4 \text{ m/s}$$

本节小结

牛顿第二定律为：$F = ma$，其中 F 是物体受到的合外力，m 是质量，a 是加速度。

第三节　牛顿第三定律
Newton's Third Law

1　力和物体的相互作用
Interaction between forces and the object

力是物体对物体的作用，只要有力的存在，就一定有施力物体和受力物体。例如：用手拉弹簧，弹簧受到手的拉力，同时弹簧发生形变，手也受到弹簧的拉力。在平静的水面上，在一只船上用力推另一只船，另一只船也要推前一只船，两只船将同时向相反的方向运动，如图3-2所示。

图3-2　力的作用是相互的

观察和实验表明，**两个物体之间的作用总是相互的。一个物体对另一个物体有力的作用，另一个物体一定同时对前一个物体有力的作用。**物体间相互作用的这一对力，通常叫作用力（acting force）和反作用力（reacting force）。如果我们把其中的一个叫作用力，用 F 表示，那么另外一个就叫反作用力，用 F' 表示。

2　牛顿第三定律
Newton's Third Law

两个物体之间的作用力和反作用力总是大小相等、方向相反、作用在同一条直线上。

Whenever one object exerts a force on a second object, the second object exerts an equal and opposite force on the first.

牛顿第三定律可以表示为：

$$F = -F'$$

本节小结

两个物体之间的作用力和反作用力总是大小相等、方向相反、作用在同一条直线上。

练习题

1. 下列关于惯性的说法，正确的是（　　）。

    A. 只有静止或做匀速直线运动的物体才具有惯性

    B. 做变速运动的物体没有惯性

    C. 有的物体没有惯性

    D. 两个物体质量相等，那么它们的惯性大小相等

2. 根据牛顿第一定律，下列说法中正确的有（　　）。

    A. 静止或匀速直线运动的物体，一定不受任何外力作用

    B. 物体运动不停止是因为受到力的作用

    C. 要改变物体运动状态，必须有外力作用

    D. 外力停止作用后，物体由于惯性会很快停下来

3. 物体静止放于水平桌面上，则（　　）。

    A. 桌面对物体的支持力的大小等于物体的重力，这两个力是一对相互平衡的力

    B. 物体所受的重力和桌面对它的支持力是一对作用力与反作用力

    C. 物体对桌面的压力就是物体的重力，这两个力是同一种性质的力

    D. 物体对桌面的压力和桌面对物体的支持力是一对相互平衡的力

4. 关于运动和力，正确的说法是（　　）。

    A. 物体速度为零时，合外力一定为零

    B. 物体做曲线运动，合外力一定是变力

    C. 物体做直线运动，合外力一定是恒力

    D. 物体做匀速运动，合外力一定为零

5. 关于惯性的下列说法，其中正确的是（　　）。

    A. 物体只在运动的时候才有惯性

    B. 没有力作用，物体只能处于静止状态

C. 用力将物体抛出去，物体最终要落在地面上是由于惯性

D. 运动物体如果没有受到力的作用，将继续以同一速度沿同一直线运动

6. 一个物体受到 $F = 4$ N 的力作用时，产生的加速度 $a = 2$ m/s²，要使它产生 $a' = 3$ m/s² 的加速度，需要施加的力 F' 为（　　）。

   A. 6 N　　　　B. 5 N　　　　C. 8 N　　　　D. 7 N

7. 一个原来静止在水平面上的物体，质量为 2 kg，在水平方向受到 4 N 拉力，物体与水平面之间的滑动摩擦力为 2 N，则物体的加速度为（　　）。

   A. 1 m/s²　　　B. 2 m/s²　　　C. 3 m/s²　　　D. 4 m/s²

8. 一个质量 $m = 1$ kg 的物体放在倾角 $\theta = 30°$ 的光滑斜面上，由静止开始下滑，物体在第 1 s 内通过的位移是（　　）。（g 取 10 m/s²）

   A. 2.5 m　　　B. 5 m　　　　C. 2 m　　　　D. 1 m

9. 一个原来静止在水平面上的物体，质量为 1 kg，在水平方向受到 4 N 的拉力，物体与水平面之间的滑动摩擦力为 1 N，则物体的加速度为（　　）。

   A. 1 m/s²　　　B. 2 m/s²　　　C. 3 m/s²　　　D. 4 m/s²

10. 要增大物体的惯性，应增大物体的（　　）。

    A. 质量　　　　B. 速度　　　　C. 加速度　　　D. 所受的力

11. 赛车在比赛中从静止开始做匀加速直线运动，10 s 末的速度为 50 m/s，则该赛车的加速度大小是 _____。

12. 一辆质量为 20 kg 的小车，在水平拉力 F 作用下，由静止开始做匀加速直线运动，经 8 s 后小车的速度达到 6 m/s，此时撤去水平拉力，使小车做匀减速直线运动，若小车经过 12 m 才停止，求

    （1）小车所受摩擦力。

    （2）拉力 F 的大小。

13. 一个原来静止在水平面上的物体,质量为 1 kg,在水平方向受到 6 N 的拉力,物体跟平面的滑动摩擦力是 2 N,求物体 2 s 末的速度和 2 s 内发生的位移。

14. 一个物体在光滑的水平面上受到一个恒力的作用,在 0.3 s 的时间内,速度从 0.2 m/s 增加到 0.4 m/s,这个物体受到另一个恒力的作用时,在相同的时间内,速度从 0.5 m/s 增加到 0.8 m/s。第二个力和第一个力之比是多大?

4 动量 Momentum

物理学家为了研究打击（hit）和碰撞（pèng zhuàng）（collision）问题，引入了冲量和动量的概念，并研究了与二者有关的规律，确立了动量定理（theorem of momentum）与动量守恒定律（shǒu héng）（law of conservation of momentum）。

第一节 冲量和动量
Impulse and momentum

1 冲量
Impulse

一个质量为 m 的静止物体，在力的作用下开始运动，经过时间 t 将获得多大的速度？根据前面学过的牛顿定律我们知道，物体在力的作用下得到的加速度 $a = F/m$，经过时间 t，获得的速度为 $v = at = Ft/m$，根据这个等式，我们得到

$$mv = Ft$$

由此可见，要使一个静止的物体获得某一速度 v，可以用一个较大的力对物体作用较短的时间，也可以用一个较小的力对物体作用较长的时间，只要二者的乘积 Ft 相同，物体就能获得相同大小的速度。

力和力的作用时间的乘积 Ft 叫作力的冲量，用 I 表示。

The product of the force and the time duration of the force is called the impulse of the force, denoted by I.

$$I = Ft$$

在国际单位制中，力的单位是 N，时间的单位是 s，所以冲量的单位就为

牛秒，用符号 N·s 表示。

冲量是一个矢量，冲量的方向由力的方向确定（Impulse is a vector quantity, and its direction is the direction of the force）。

2 动量
Momentum

由 $mv = Ft$ 我们还能看出，原来质量不同的两个物体，在相同的冲量作用下，虽然得到的速度 v 的大小不相同，但是 mv 是相同的，都等于它们受到的冲量 I。

物体的质量与速度的乘积 mv 叫作动量，用 p 表示。

The product of the mass and velocity of a body is called its momentum, denoted by p.

$$p = mv$$

在国际单位制中，质量的单位是 kg，速度的单位是 m/s，所以动量的单位是千克米每秒，用符号 kg·m/s 表示。

动量不仅有大小，而且还有方向。动量是一个矢量，动量的方向由速度方向确定（Momentum is a vector quantity, and its direction is the direction of the velocity）。

如果物体沿直线运动，动量的方向可用正、负号表示。动量的运算服从矢量运算法则，按照平行四边形法则进行。

【例】 质量为 m 的小球以水平速度 v 垂直撞到竖直墙壁上后，以相同的速度大小反弹（bounce）回来。求小球撞击墙壁前后动量的变化。

解：取反弹后速度的方向为正方向。碰撞后小球的动量 $p' = mv$。碰撞前速度 v 的方向与规定的正方向相反，为负值。碰撞前动量 $p = -mv$。小球动量的改变大小为：

$$p' - p = mv - (-mv) = 2mv$$

小球动量改变的方向与反弹后小球运动方向同向。

本节小结

1. 冲量 $I = Ft$。

2. 动量 $p = mv$。

3. 冲量、动量都是矢量,有大小、方向。冲量的方向由力的方向确定;动量的方向由速度的方向确定。

第二节　动量定理
Theorem of momentum

本节我们来具体地看看物体动量的变化与物体所受冲量之间有什么关系？我们考虑一个质量为 m 的物体初速度为 v，初动量 $p = mv$，在合力 F 的作用下，经过一段时间 t，速度变为 v'，此时的动量为 $p' = mv'$，物体的加速度为 $a = (v' - v) / t$，根据牛顿第二运动定律可得：

$$Ft = m(v' - v)$$

即

$$I = p' - p$$

上式表示：

在一段时间内物体动量的变化量，等于此时间内物体所受合力的冲量。

The impulse acting on a body equals the change in momentum of the body.

可以证明，动量定理不但适用于作用力恒定的情况，也同样适用于作用力随时间变化的情况。对于变化的力的情况，动量定理中的 F 应理解为，力在作用时间内的平均值（For a variable force, the F in the theorem of momentum should be explained by the average value of the force in the time of action）。

【例1】 一质量为 2 kg 的物体，开始时静止在光滑的水平面上，在 5 N 水平拉力的作用下运动了 10 s，求：

（1）物体在 10 s 内受到的冲量是多少？

（2）物体在 10 s 内动量的变化是多少？

（3）物体在 10 s 末的速度是多少？

解答如下：

（1）根据冲量公式：

$$I = Ft = 5 \times 10 = 50 \text{ N·s}。$$

（2）根据动量定理，在一段时间内物体动量的变化量，等于此时间内物体所受合力的冲量，

$$\Delta p = I = 50 \text{ N·s},$$

物体在 10 s 内动量的变化是 50 N·s。

（3）
$$\Delta p = mv - mv_0 = 2v = 50,$$

所以 $v = 25$ m/s。物体在 10 s 末的速度是 25 m/s。

【例2】 质量为 2 kg 的木块与水平面间的动摩擦因数 $\mu = 0.2$，木块在 $F = 5$ N 的水平的恒力作用下由静止开始运动，求恒力作用木块上 10 s 末速度。（g 取 10 m/s²）

解法1：恒力作用下的木块运动中共受到竖直向下的重力 mg，水平面向上的支持力 N，沿水平方向的恒力 F 和摩擦力 f，木块运动的加速度：

$$a = \frac{(F-f)}{m} = (5 - 0.2 \times 2 \times 10) \div 2 = 0.5 \text{ m/s}^2$$

木块运动 10 s 的速度：

$$vt = at = 0.5 \times 10 = 5 \text{ m/s}$$

解法2：木块的受力分析同上。在 10 s 内木块所受合力的冲量 $I = Ft - ft$。

木块初速度是零，10 s 末速度用 v 表示。10 s 内木块动量的改变就是 mv。根据动量定理 $I = mv$，10 s 末木块的速度：

$$v = \frac{I}{m} = \frac{(Ft - ft)}{m} = (5 \times 10 - 4 \times 10) \div 2 = 5 \text{ m/s}$$

两种解法相比较，显然利用动量定理比较简单。动量定理可以通过牛顿第二定律和速度公式推导出来，绕过了加速度的环节。用动量定理处理与时间有关的力和运动的问题时就比较方便。

本节小结

动量定理：$Ft = m(v' - v)$ 或 $I = p' - p$

第三节 动量守恒定律
Law of conservation of momentum

相互之间有作用力的物体通常称为一个系统（system），系统中各个物体之间的相互作用力（interaction force）称为这个系统的内力（internal force），系统外部其他物体对系统的作用力称为外力（external force）。例如：两个小球在桌面上碰撞过程中的相互作用就是系统的内力；两个小球还受到外力，如重力和桌面的支持力，但这两者之间是相互平衡的，所以由两个小球组成的系统，所受到的外力的合力为零。

动量守恒定律：一个系统不受外力或者所受外力之和为零时，系统的总动量保持不变。

Law of conservation of momentum: If a system is in the absence of external force or the resultant force is zero, the total momentum of the system will not change.

即：

$$p = p' \quad (F_{合} = 0)$$

它适用于任何碰撞情况，不管是正碰（head-on collision）还是斜碰（not head-on collision）；它不仅适用于碰撞，也适用于各种相互作用；它不仅适用于两个物体组成的简单系统（simple system），也适用于多个物体组成的复杂系统（complex system）。

动量守恒定律是自然界普遍适用的基本规律（basic law）之一，它比牛顿定律的适用范围要广泛得多。总之，小到微观粒子，大到天体，不论是什么性质的相互作用力，即使对相互作用力的情况了解得还不是很清楚，动量守恒定律都是适用的。

【例】 质量为 30 kg 的小孩以 8 m/s 的水平速度跳上一辆静止在水平轨道上的平板车，已知平板车的质量是 50 kg，求小孩跳上车后他们共同的速度。

分析：

对于小孩和平板车系统来说，由于车轮和轨道间的滚动摩擦（rolling friction）很小，可以不予考虑，所以可以认为系统所受外力之和为零，即对人、车系统动量守恒。

跳上车前系统的总动量 $p = mv$

跳上车后系统的总动量 $p' = (m + M)V$

由动量守恒定律有 $mv = (m + M)V$

解得：

$$V = \frac{mv}{m + M} = 30 \times 8 \div (30 + 50) = 3 \text{ m/s}$$

本节小结

动量守恒定律：一个系统不受外力或者所受外力之和为零时，系统的总动量保持不变，即 $p = p'$ ($F_{合} = 0$)。

练习题

1. 物体受到冲量越大,则( )。

   A. 它的动量一定大　　　　　B. 它的动量变化一定越快

   C. 它的动量变化一定大　　　D. 它所受的作用力一定大

2. 关于动量的概念,以下说法中正确的是( )。

   A. 速度大的物体动量一定大

   B. 质量大的物体动量一定大

   C. 两个物体的质量相等,速度大小也相等,则它们的动量一定相等

   D. 两个物体的速度相同,那么质量大的物体动量一定大

3. 两个质量相等的物体静止在光滑水平面上,受到大小相等的水平恒力作用,则它们在相同的时间内( )。

   A. 受到的冲量一定相等

   B. 末动量大小一定相等

   C. 末动量一定相等

   D. 动量增量一定相等

4. 一个质量 $m = 1$ kg 的钢球,以 $v_1 = 3$ m/s 的速度水平向左运动,碰到一个坚硬的墙后被向右弹回,弹回的速度为 $v_2 = 1$ m/s,则钢球受到的冲量大小为( )。

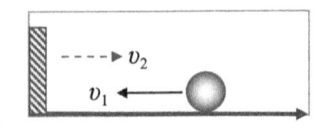

   A. 8 kg·m/s　　　　　　　B. 6 kg·m/s

   C. 4 kg·m/s　　　　　　　D. 2 kg·m/s

5. 一个质量为 9 kg 的钢球,以 6 m/s 的速度水平向右运动,它的动量大小为( )。

   A. 9 kg·m/s　　　　　　　B. 18 kg·m/s

   C. 54 kg·m/s　　　　　　 D. 108 kg·m/s

6. 一颗质量为 $m = 10$ g 的子弹，以 500 m/s 的水平速度运动，则该子弹的动量大小为_____。

7. 两个质量相等的小球，分别从不同高度自由下落，已知 $h_1 : h_2 = 1 : 2$，则它们落地瞬间两球的动量大小之比为_____。

8. 以 $v_0 = 20$ m/s 的速度做匀速运动的汽车，质量为 2×10^3 kg，发现情况立即关闭油门后，汽车以 4 m/s² 的加速度做减速运动，则关闭油门后 2 s 末汽车的动量大小是多少？10 s 末汽车的动量大小是多少？

9. 质量为 10 kg 的铁球从高 5 m 处自由下落，与地面触后在 0.2 s 内停止运动，铁球碰到地面时受到的平均作用力是多少？(g 取 10 m/s²)

10. 一小木块在光滑水平面上，木块的质量为 M，一颗质量为 m 的子弹以水平速度 v 射入木块，并留在木块中，和木块一起运动，求子弹与木块的共同速度是多少。

5 机械能
Mechanical Energy

自然界存在着各种不同形式的能量：机械能（动能 kinetic energy 和势能 potential energy）、内能（internal energy）、化学能、核能等。这些能量之间的转化（conversion）需要通过做功来实现，通过做功的多少，就可以定量地研究能量及其各种形式的转化。本章我们学习有关功的知识，然后讨论动能与势能之间的转化。

第一节 功和功率
Work and power

我们知道，传给一个物体以动量，是用力及其冲量来表示；传给一个物体以能量，要用什么来表示呢（how to characterize the conversion of energy）？

1 功
Work

一个物体如果受到力的作用，并在力的方向上发生一段位移，这个力就对物体做了功。

When a force acts on a body, and there is a displacement in the direction of the force, the force does work on the body.

人推车前进，车在推力的作用下发生一段位移，推力就对小车做了功。力和物体在力的方向上发生的位移（displacement in the direction of the force），是做功的两个不可缺少的因素。

59

功的大小是由力的大小以及物体在力的方向上发生位移的大小来决定的（The value of work is related to the value of force and the value of displacement in the direction of the force）。力越大，力方向上的位移越大，所做的功就越大。力学中规定：

如果力的方向与物体的运动方向一致，功就等于力的大小与位移大小的乘积。

If the force is in the same direction as the displacement, the value of work equals the product of the force and the displacement.

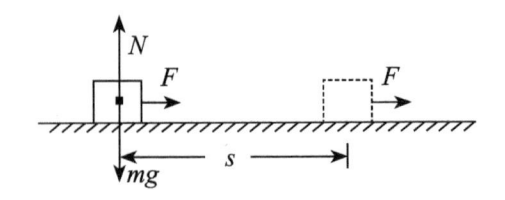

图 5-1　力的方向与物体的运动方向一致的情况

用 F 表示力的大小，s 表示位移的大小，W 表示 F 所做的功，则有：

$$W = Fs$$

如果力的方向与物体运动方向成某一角度，如图 5-2 所示，可以把力分解为两个分力：跟位移方向一致的分力（the force component parallel to the direction of the displacement）以及跟位移方向垂直的分力（the force component perpendicular to the direction of the displacement）。由于在与位移垂直方向上，物体没有发生位移，这个方向的位移为零，则力所做的功就为跟位移方向一致的分力的大小与位移大小的乘积。力做的功为：

$$W = Fs\cos\alpha$$

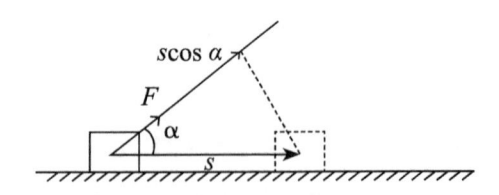

图 5-2　力的方向与物体运动方向成某一角度的情况

这就是说：

力对物体所做的功，等于力的大小、位移的大小、力和位移的夹角的余弦这三者的乘积。

The work done by a force on a body is defined as the product of the force, the displacement, and the cosine of the angle between the force and the displacement.

功是一个标量（Work is a scalar quantity）。在国际单位制中，功的单位是焦耳（joule），简称焦，用符号 J 表示。1 J 等于 1 N 的力使物体在力的方向上发生 1 m 的位移时所做的功，即 1 J = 1 N · 1 m = 1 N · m。

现在我们讨论一下功的公式。由于功与力和位移的夹角的余弦有关，而 α 的范围是 0°～180°，即 $\cos\alpha$ 的范围是 −1～1，也就是说功可能为正，也可能为负。

（1）当 $\alpha = 90°$ 时，$\cos\alpha = 0$，$W = 0$。这表示力的方向与位移的方向垂直时，力不做功（When the direction of force is perpendicular to the direction of displacement, the force does not do work）。例如，物体在水平面上运动时，重力和支持力都与位移方向垂直，这两个力都不做功。

（2）当 $\alpha < 90°$ 时，$\cos\alpha > 0$，$W > 0$，这表示力做正功（positive work）；而当 $90° < \alpha < 180°$ 时，$\cos\alpha < 0$，$W < 0$，这表示力做负功（negative work）。例如，物体垂直下落时，重力促使物体下落，就对物体做正功，而同时空气对物体的摩擦力阻碍物体下落，对物体做负功（When a body falls, the gravity makes it fall, which does the positive work. But in the same time, the air's friction force arrests the falling of the body, which does the negative work）。一个力对物体做负功，通常我们说成物体克服这个力做了正功。

【例】 用 60 N 的水平拉力 F 拉一个质量为 10 kg 的物体，在光滑的水平面上前进了 10 m，则拉力 F 做功为_____，重力做功为_____。

分析：

（1）拉力做功：

$$W = Fs = 60 \times 10 = 600 \text{ J}$$

（2）重力做功：因为重力的方向与拉力的方向垂直，所以重力做功为 0。

2 功率
Power

力对不同的物体做功，所用的时间往往也不相同。也就是说，做功的快慢并不相同。在物理学中，做功的快慢用功率(gōng lǜ)来表示。

功与完成这些功所需的时间的比值叫作功率，用符号 P 表示。

The ratio of the work and the time cost to complete the work is called power, denoted by P.

则有：

$$P = \frac{W}{t}$$

在国际单位制中，功率的单位是瓦特（watt），简称瓦，用符号 W 表示。1 W = 1 J/s。瓦是个比较小的单位，一般技术上常用 kW（千瓦）作为功率的单位，1 kW = 1000 W。

【例】 一个质量是 1 kg 的物体，从地面上方 20 m 高处开始做自由落体运动，第 1 s 时间内下落的位移是多少？这 1 s 内重力对物体做多少功？第 2 s 内物体下落的位移是多少？这 1 s 内重力对物体做多少功？前 1 s 和后 1 s 重力对物体做功的功率各是多大？这 2 s 时间内重力对物体做功的功率是多大？（g 取 10 m/s²）

分析：

根据题意，物体的重力为：

$$G = mg = 1 \times 10 = 10 \text{ N}$$

运用自由落体的计算公式，第一秒内下落的位移为：

$$s_1 = \frac{gt_1^2}{2} = 10 \times 1 \div 2 = 5 \text{ m}$$

则此时重力做功为：

$$W_{G1} = Gs_1 = 10 \times 5 = 50 \text{ J}$$

第二秒内下落的位移为：

$$s_2 = \frac{gt_2^2}{2} - \frac{gt_1^2}{2} = 10 \times 4 \div 2 - 10 \times 1 \div 2 = 15 \text{ m}$$

则此时重力做功为：

$$W_{G2} = Gs_2 = 10 \times 15 = 150 \text{ J}$$

第一秒内重力做功的功率为：

$$P_1 = \frac{W}{t} = 50 \div 1 = 50 \text{ W}$$

第二秒内重力做功的功率为：

$$P_2 = \frac{W}{t} = 150 \div 1 = 150 \text{ W}$$

两秒内重力做功的总功率为：

$$P_t = \frac{W_t}{t} = (50 + 150) \div 2 = 100 \text{ W}$$

3 功和能

Work and energy

功和能是两个密切联系的物理量。一个物体能够对外做功，我们就说这个物体具有能量（If a body can do work, we say that the body has energy）。例如，被压缩（compress）的弹簧放开时能够把物体弹开而做功，被压缩的弹簧就具有能量。我们知道，各种不同形式的能量可以相互转化（zhuǎn huà），并且在转化过程中总能量保持不变（As we know, different forms of energy can convert mutually, and the total energy does not change in the conversion）。在这种转化过程中，功扮演着重要角色。被压缩的弹簧放开时将物体弹开，物体的动能增加。同时，弹簧的弹性势能（elastic potential energy）减少（decrease），弹簧对物体做了多少功，

63

就有多少弹性势能转化为物体的动能。

做功的过程就是能量转化的过程,做了多少功就有多少能量发生转化。所以,**功是能量转化的量度**(Work is the measurement of energy conversion)。

那么前面我们学习的功率应该理解为是描述做功过程中能量转化快慢的物理量。知道了功和能量之间的这种关系,就可以通过做功的多少来定量地研究能量及其相互之间的转化问题了。

本节小结

1. 一个物体如果受到力的作用,并在力的方向上发生一段位移,这个力就对物体做了功。功的大小是由力的大小以及物体在力的方向上发生位移的大小来决定的,即 $W=Fs$。

2. 功是标量,功有正功和负功之分。

3. 功与完成这些功所需的时间的比值叫作功率,功率表示做功的快慢:$P=\dfrac{W}{t}$。

4. 功是能量转化的量度。

第二节 动能和动能定理
Kinetic energy and theorem of kinetic energy

1 动能
Kinetic energy

我们知道物体由于运动而具有的能量叫作动能。物体的动能与物体的质量和运动速度有关（The kinetic energy of a body is related to the mass and velocity）。动能与质量和速度的定量关系如何呢？我们知道，功与能量密切相关。因此我们可以通过做功来研究能量。外力对物体做功使物体运动而具有动能。下面我们就通过这个途径研究一个运动物体的动能是多少。

光滑水平面上一物体原来静止，质量为 m，在恒定外力 F 作用下，物体发生一段位移 s，得到速度 v，如图 5-3 所示，这个过程中外力做功多少？物体获得了多少动能？

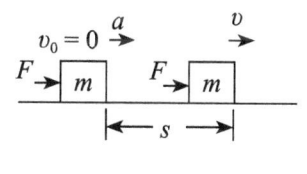

图 5-3 动能

外力做功为 $W = Fs = ma \cdot v^2/2a = mv^2/2$。由于外力做功使物体得到动能，所以 $mv^2/2$ 就是物体获得的动能，这样我们就得到了动能与质量和速度的定量关系：

物体的动能等于它的质量跟它的速度平方的乘积的一半。

The kinetic energy of a body equals a half of the product of the mass and the square of the velocity.

用 E_k 表示动能，则计算动能的公式为：

$$E_k = \frac{mv^2}{2}$$

动能是标量（Kinetic energy is a scalar quantity），它的单位与功的单位相同，在国际单位制中都是焦耳。这是因为，$1 \text{ kg} \cdot \text{m}^2/\text{s}^2 = 1 \text{ N} \cdot \text{m} = 1 \text{ J}$。

2 动能定理
Theorem of kinetic energy

将刚才推导动能公式的例子改动一下：假设物体原来就具有速度 v_1，且水平面存在摩擦力 f，在外力 F 作用下，经过一段位移 s，速度达到 v_2，如图 5-4 所示，则此过程中，外力做功与动能间又存在什么关系呢？

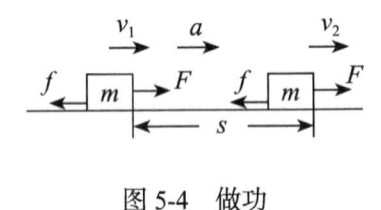

图 5-4 做功

外力 F 做功：

$$W_1 = Fs$$

摩擦力 f 做功：

$$W_2 = -fs$$

外力做的总功：

$$Wt = Fs - fs = \frac{ma \cdot (v_2^2 - v_1^2)}{2a} = \frac{mv_2^2}{2} - \frac{mv_1^2}{2} = E_{2k} - E_{1k}$$

上式表示，外力所做的功等于动能的变化（The work done by the external force equals the change of the kinetic energy）。

当外力做正功时，末动能大于初动能，动能增加；当外力做负功时，末动能小于初动能，动能减少（When the external force does positive work, the kinetic energy increases by the amount of the work; but when the external force does negative work, the kinetic energy decreases by the amount of the work）。

可见，外力对物体做的总功等于物体在这一运动过程中动能的变化量（The total work done by the external force equals the change of the kinetic energy in the motion）。其中 F 与物体运动方向一致，它做的功使物体动能增大；f 与物体运动方向相反，它做的功使物体动能减少。它们共同作用的结果，导致了物体动能的变化。

动能定理：合力所做的功等于物体动能的变化。

Theorem of kinetic energy: The work done by the resultant force on a body equals the change in kinetic energy of the body.

这里所说的力，既可以是重力、弹力、摩擦力，也可以是任何其他的力。

【例】 在水平放置的长直木板槽中，木块以 6 m/s 的初速度开始滑动。滑行 4 m 后速度减为 4 m/s，若木板槽粗糙程度处处相同，此后木块还可以向前滑行多远？

分析：

根据题意，此题中我们不知道木块的质量，设木板槽对木块摩擦力为 f，木块质量为 m，据题意使用动能定理有：

$$-fs = E_{2k} - E_{1k} = \frac{mv_2^2}{2} - \frac{mv_1^2}{2}$$

即

$$-4f = (16 \div 2 - 36 \div 2)m = -10m$$

由此，我们得出 f 与 m 的关系，$f = \frac{5}{2}m$

因为此处我们最后要求的是木块还能滑行多远（末速度 $v_3 = 0$），根据要求，我们再列出一个方程，

$$-fs' = E_{3k} - E_{2k} = \frac{mv_3^2}{2} - \frac{mv_2^2}{2} = 0 - \frac{mv_2^2}{2} = -\frac{mv_2^2}{2}$$

即

$$fs' = 8m$$

那么，代入 f 与 m 的关系，$f = \frac{5}{2}m$，则：

$$s' = 16 \div 5 = 3.2 \text{ m}$$

木块还能向前滑行 3.2 m。

本节小结

1. 物体的动能等于它的质量跟它的速度平方的乘积的一半,即 $E_k = \dfrac{mv^2}{2}$。

2. 动能定理:合力所做的功等于物体动能的变化,即 $W = Fs = E_{2k} - E_{1k}$。

第三节　势能
Potential energy

1　重力势能
Gravity potential energy

物体由于被举高而具有的能量叫作重力势能。重力势能跟物体的质量和高度都有关系（Gravity potential energy is related to the mass and height）。物体的质量越大，高度越大，重力势能就越高。那么应该怎样定量地表示重力势能呢？功是能量变化的量度，重力势能的变化也可用做功表示出来。例如，用一外力把一质量为 m 的物体匀速举高 h，由于是匀速上升，物体的动能不变，外力举高物体做的功 $W = Fs = mgh$ 全部用于增加物体的重力势能。而此过程中克服重力做功亦为 mgh，也就是克服重力做了多少功，就获得了多少重力势能。也就是说，**重力势能等于物体的重量和它的高度的乘积**（**Gravity potential energy equals the product of the weight and height**）。

用 E_p 表示势能，则处于高度 h 处的物体的重力势能为：

$$E_p = mgh$$

从势能公式的推导可以看出，它与功一样，在国际单位制中的单位也是焦耳，而且也是标量。它是由物体所处的位置状态决定的，所以与动能一样是状态量（Gravity potential energy is decided by the status of the position, and it is a status quantity that is similar to kinetic energy）。

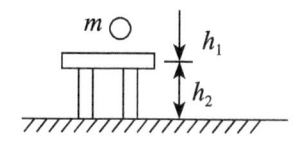

图 5-5　重力势能

如图 5-5 所示，我们可分别写出小球以桌面和地面为参考平面（reference plane）的重力势能：以桌面为参考平面，$E_{p1} = mgh_1$；以地面为参考平面，$E_{p2} = mg(h_1 + h_2)$

我们说物体具有重力势能 mgh，这总是相对于某个水平面来说的。**这个水平面的高度为零，重力势能也为零，这个平面叫作参考平面（The height of the horizon plane is zero, and the gravity potential energy is zero, which is called the reference plane）**。选择不同的参考平面，物体的重力势能是不同的，但这并不影响研究有关重力势能的问题。因为在有关问题中，有确定意义的是重力势能的差值（differential value），这个差值不因为选择不同的参考平面而不同。对选定的参考平面而言，在参考平面上方的物体，高度是正值，重力势能也是正值；在参考平面下方的物体，高度是负值，重力势能也是负值。物体具有负的重力势能，表示物体在该位置具有的重力势能比在参考平面上的重力势能要少（A body with negative gravity potential energy means that the gravity potential energy in that position is less than that in the reference plane）。

2　重力做功与重力势能的变化关系

The relation of the work done by the gravity and the change of gravity potential energy

我们先来看重力做功的特点：**重力做功与路径无关，只与物体起点和终点位置的高度差有关（The work done by the gravity is path-independent, only related to the height differential value between the initial and final positions）**。将一个物体向上抛出，我们来分析其上升和下落过程中重力做功与重力势能的变化，如图 5-6 所示。

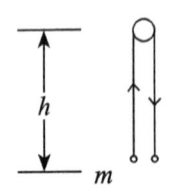

图 5-6　重力做功与重力势能的关系

由图 5-6 可以看出，上升过程中，重力做功为 $-mgh$，重力势能增加 mgh；下落过程中，重力做功为 mgh，重力势能减少 mgh（或称增加 $-mgh$）。

这样，我们初步下个结论：**重力做多少正功，重力势能就减少多少（When

gravity does positive work, gravity potential energy decreases by the amount of the work）；重力做多少负功（或称克服重力做了多少功），重力势能就增加多少（When gravity does negative work, gravity potential energy increases by the amount of the work）。

即**重力做功等于重力势能的减少量**。若用 W 表示重力做功，E_{p1} 表示初态的重力势能，E_{p2} 表示末态的重力势能，则上述关系可表达为：

$$W_G = E_{p1} - E_{p2} = \Delta E_p$$

【例】 一个质量为 4 kg 的物体从高 200 m 处做自由落体运动，当物体下落 20 m 时，求：（g 取 10 m/s²）

（1）物体重力做功多少？

（2）物体重力势能变化多少？

分析：

根据题意，重力做功：

$$W = Fs = mgh = 4 \times 10 \times 20 = 800 \text{ J}$$

重力势能变化：

$$\Delta E_p = mg \Delta h = 4 \times 10 \times (-20) = -800 \text{ J}$$

即重力势能减少 800 J。

由本题可知，重力做功等于重力势能的减少量。

本节小结

1. 重力势能等于物体的重量和它的高度的乘积，即 $E_p = mgh$。

2. 重力做功的特点：重力做功与路径无关，只与物体起点和终点位置的高度差有关。

第四节　机械能守恒定律
Law of conservation of mechanical energy

1　机械能守恒定律
Law of conservation of mechanical energy

前面我们学习了动能、势能和机械能的知识。在一定条件下，物体的动能与势能（包括重力势能和弹性势能）可以相互转化，下面我们来看一个例子。

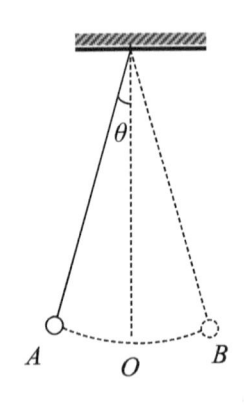

图 5-7　单摆

如图 5-7 所示，把小球用细线悬挂起来，把小球拉到一定高度 A 点，然后放开，小球就摆动起来。小球在摆动中，动能与势能相互转化。我们看到，小球可以摆动到跟 A 点高度相同的 B 点。小球在 A、B 点没有速度，随着小球的下落，速度逐渐增大，在最低点，小球的速度达到最大值。之后，随着小球向 B 点摆动，小球上升，速度逐渐减小。我们看到，**物体运动过程中，随动能增大，物体的势能减小；反之，随动能减小，物体的势能增大（In the motion, the potential energy decreases as the kinetic energy increases; the potential energy increases as the kinetic energy decreases）**。

先考虑只有重力对物体做功的理想情况。以自由落体运动为例，如图 5-8 所示。

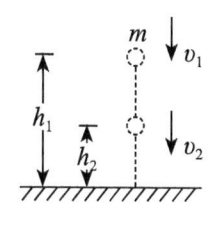

图 5-8　自由落体

根据动能定理

$$W_G = \frac{mv_2^2}{2} - \frac{mv_1^2}{2}$$

下落过程中重力对物体做功，重力做功在数值上等于物体重力势能的变化量（The change of gravity potential energy equals the work done by gravity）。取地面为参考平面

$$W_G = mgh_1 - mgh_2$$

可见，在自由落体运动中，重力做了多少功，就有多少重力势能转化为等量的动能（In free fall, the conversion value between the kinetic energy and gravity potential energy equals the work done by gravity），由以上两式可以得到：

$$mgh_2 + \frac{mv_2^2}{2} - mgh_1 + \frac{mv_1^2}{2}$$

或者

$$E_{k2} + E_{p2} = E_{k1} + E_{p1}$$

上式表明，在自由落体过程中，只有重力做功，物体的动能和势能之和，即总的机械能保持不变。进一步定量研究可以证明，在只有弹簧弹力做功的条件下，物体的动能与势能可以相互转化，物体的机械能总量也不变。

综上所述，可以得到如下结论：

在只有重力和弹簧弹力对物体做功的情况下，物体的动能和势能可以相互转化，物体机械能总量保持不变。

Under the condition that there is no force other than gravity and elastic force acting on a body, the kinetic energy and potential energy can convert mutually, and the total mechanical energy of the body is constant.

这个结论叫作机械能守恒定律。它是力学中的一条重要定律，是普遍的能量守恒定律的一种特殊情况。

2 机械能守恒定律的应用

Application of the law of conservation of mechanical energy

解决某些力学问题，从能量的观点来分析，应用机械能守恒定律来求解。应用机械能守恒定律解决力学问题，要分析物体的受力情况。在动能和重力势能相互转化中，如果只有重力做功，就可以应用机械能守恒定律来求解。

【例】 在距离地面 20 m 高处以 15 m/s 的初速度水平抛出一小球，不计空气阻力，求小球落地速度的大小。(g 取 10 m/s²）

分析：

（1）小球下落过程中，只有重力对小球做功，满足机械能守恒条件，可以用机械能守恒定律求解；（2）应用机械能守恒定律时，应明确所选取的运动过程，明确初、末状态小球所具有的机械能。

以地面为参考平面，抛出时小球具有的重力势能 $E_{p1} = mgh$，动能为 $E_{k1} = mv_1^2/2$；落地时，小球具有重力势能 $E_{p2} = 0$，动能为 $E_{k2} = mv_2^2/2$。根据机械能守恒定律，应有：

$$E_{k2} + E_{p2} = E_{k1} + E_{p1}$$

即

$$\frac{mv_2^2}{2} = mgh + \frac{mv_1^2}{2}$$

落地时小球的速度大小为：

$$v_2 = \sqrt{v_1^2 + 2gh} = \sqrt{225 + 2 \times 10 \times 20} = 25 \text{ m/s}$$

本节小结

1. 机械能守恒定律：在只有重力和弹簧弹力对物体做功的情况下，物体的动能和势能可以相互转化，物体机械能总量保持不变。

2. 动能和势能之和就是机械能。

练习题

1. 下列说法正确的是（　　）。

    A. 一个物体动量变化，动能一定变化

    B. 一个物体动能变化，动量一定变化

    C. 两个物体相互作用，它们的动量变化相同

    D. 两个物体相互作用，它们的总动能守恒

2. 物体在斜面上做加速运动时，下列说法哪个正确？（　　）

    A. 它的动能一定增大，重力势能也一定增大

    B. 它的动能一定增大，重力势能一定减小

    C. 它的动能一定增大，重力势能一定发生变化

    D. 如果加速度逐渐减小，则物体的动能也逐渐减小

3. 在光滑水平面上推物块和在粗糙水平面上推物块相比较，如果所用的水平推力相同，物块在推力作用下通过的位移相同，则推力对物块所做的功（　　）。

    A. 一样大

    B. 在光滑水平面上推力所做的功较多

    C. 在粗糙水平面上推力所做的功较多

    D. 要由物块通过这段位移的时间决定

4. 竖直向上抛出一个物体，由于受到空气阻力作用，物体落回抛出点的速率小于抛出时的速率，则在这过程中（　　）。

    A. 物体的机械能守恒

    B. 物体的机械能不守恒

    C. 物体上升时机械能减小，下降时机械能增大

    D. 物体上升时机械能增大，下降时机械能减小

5. 一个质量 $m = 2$ kg 的物块，从高度 $h = 5$ m、长度 $l = 10$ m 的光滑斜面的顶端由静止开始下滑，那么，物块滑到斜面底端时速度的大小是（　　）。（空气阻力不计，g 取 10 m/s²）

   A. 10 m/s　　　　　　　　B. $10\sqrt{2}$ m/s

   C. 100 m/s　　　　　　　D. 200 m/s

6. 一个 25 kg 的小孩从高度为 2 m 的滑梯顶端由静止开始滑下，滑到底端时的速度为 2 m/s，关于力对小孩做的功，以下正确的是（　　）。（g 取 10 m/s²）

   A. 合外力做功 50 J　　　　B. 阻力做功 50 J

   C. 重力做功 50 J　　　　　D. 支持力做功 50 J

7. 改变汽车的质量和速度，都能使汽车的动能变化，在下面 4 种情况中，能使汽车的动能变为原来的 9 倍的是（　　）。

   A. 质量不变，速度增大到原来的 3 倍

   B. 速度不变，质量增大到原来的 8 倍

   C. 速度不变，质量增大到原来的 3 倍

   D. 质量不变，速度增大到原来的 2 倍

8. 甲、乙两物体质量相等，速度大小之比是 2∶1，则甲与乙的动能之比是（　　）。

   A. 1∶2　　　B. 2∶1　　　C. 1∶4　　　D. 4∶1

9. 游乐场中的一种滑梯如图所示。小朋友从轨道顶端由静止开始下滑，沿水平轨道滑动了一段距离后停下来，则（　　）。

   A. 下滑过程中支持力对小朋友做功

   B. 下滑过程中小朋友的重力势能增加

   C. 整个运动过程中小朋友的机械能守恒

   D. 在水平面滑动过程中摩擦力对小朋友做负功

10. 如图所示，用一轻绳系一小球悬于 O 点。现将小球拉至水平位置，然后静止释放，不计空气阻力。在小球下落到最低点的过程中，下列说法正确的是（　　）。

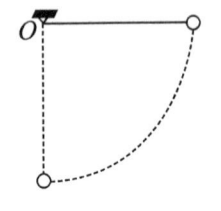

   A. 小球的机械能守恒

   B. 小球所受的合力不变

   C. 小球的动能不断减小

   D. 小球的重力势能增加

11. 小红提着重 G = 50 N 的水桶在水平道路上匀速行走了 12 m，则在整个过程中小红提水桶的力所做的功为（　　）。

   A. 0 J   B. 6 J

   C. 60 J   D. 600 J

12. 如图所示，在光滑的地面上有一个质量 m = 0.2 kg 的小球。小球在外力的作用下从速度 v_1 = 1 m/s 变为 v_2 = 3 m/s，则外力做功为（　　）。

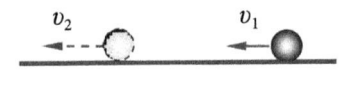

   A. 0.8 J   B. 0.1 J

   C. 0.9 J   D. 1.6 J

13. 以 10 m/s 的速度，从 10 m 高的楼上水平抛出一个小球，不计空气阻力，g 取 10 m/s²，小球落地时的速度大小是（　　）。

   A. $10\sqrt{2}$ m/s   B. 20 m/s   C. $10\sqrt{3}$ m/s   D. 30 m/s

14. 用 60 N 的水平拉力 F 拉一个质量为 10 kg 的物体，物体在光滑的水平面上前进了 10 m，则此过程中重力做功为（　　）。

   A. 60 J   B. 600 J   C. 1000 J   D. 0 J

15. 某物体做匀速直线运动，速度大小为 10 m/s，设物体质量为 10 kg，g 取 10 m/s²，则该物体此时的动能为（　　）。

   A. 100 J   B. 200 J   C. 500 J   D. 1000 J

16. 下列运动过程中，可视为机械能守恒的是（　　）。

   A. 热气球缓缓升空

   B. 树叶从枝头飘落

   C. 跳水运动员在水中下沉

   D. 掷出的铅球在空中运动

17. 质量为 m 的乒乓球从地面弹起到 h 高度后又落回到地面，重力加速度为 g。在整个过程中，重力所做的功为（　　）。

   A. $-mgh$　　　B. 0　　　C. mgh　　　D. $2mgh$

18. 把一个质量为 m 的物体放在光滑水平面上，现在以恒力 F 沿水平方向推该物体，在相同的时间间隔内，下列说法正确的是（　　）。

   A. 物体的位移相等

   B. 物体动能的变化量相等

   C. F 对物体做的功相等

   D. 物体动量的变化量相等

19. 以初速度 v_0 竖直向上抛出一个质量为 m 的物体，当物体上升到最高位置时，重力势能为_____。

20. 在 20 m 高处，将一个物体以 $v = 10$ m/s 的初速度水平抛出，则物体落地时的速度大小为_____。（不计空气阻力，g 取 10 m/s²）

21. 用 50 N 的水平拉力 F 拉着一个质量为 10 kg 的物体在光滑水平面上前进了 5 m，则拉力 F 做的功 $W =$ _____。

22. 一颗质量为 $m = 20$ g 的子弹，以 500 m/s 的水平速度运动，则该子弹的动能为_____，动量大小为_____。

23. 甲、乙两物体质量相等，速度大小之比是 2∶1，则甲与乙的动能之比是_____。

24. 用 50 N 的水平拉力 F 拉着一个质量为 10 kg 的物体在水平面上前进了 10 m，物体与水平面间的动摩擦因数 $\mu = 0.1$，则拉力 F 做的功是多少？重力 G 做的功是多少？物体克服摩擦阻力做的是功多少？（g 取 10 m/s²）

25. 一颗子弹以 700 m/s 的水平速度打穿第一块固定木板后，速度减为 500 m/s；若穿过第一块木板后让它继续打穿第二块同样的木板，则子弹的速度变为多少？

26. 如图所示，长为 1 m 的轻绳，上端固定在 O 点，下端连一质量为 0.5 kg 的小球。若小球在竖直平面内摆动过程中，轻绳偏离竖直线的最大角度为 60°。求：小球在最低点时的速度多大？(g 取 10 m/s^2)

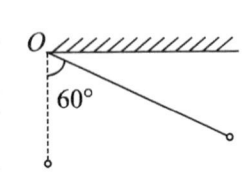

27. 倾斜雪道的长为 25 m，顶端高为 15 m，如图所示。一个质量为 60 kg 的滑雪运动员在倾斜雪道的顶端由静止下滑。运动员可视为质点，设滑雪板与雪道的动摩擦因数 $\mu = 0.2$。求：(g 取 10 m/s^2)

(1) 运动员离开斜面时的速度大小。

(2) 摩擦力做的功。

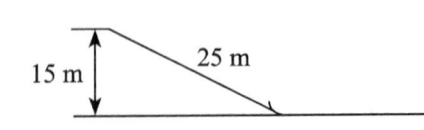

28. 如图所示，一个质量 $m = 2$ kg 的物体静止在水平面上 A 点，物体与水平面和斜面的动摩擦因数均为 $\mu = 0.2$，斜面的倾角 $\theta = 30°$。在 $F = 12$ N 的水平拉力作用下，物体从 A 点运动到 B 点，$AB = 2$ m。（g 取 10 m/s^2）

（1）求物体在水平拉力 F 作用下到达 B 点时的速度大小。

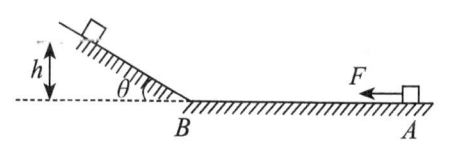

（2）若在 B 点撤去拉力 F，求物体滑上斜面后能够到达的最大高度 h。

29. 质量为 m 的物体，在高 $h = 1$ m 的光滑弧形轨道 A 点，以 $v_0 = 4$ m/s 的初速度沿轨道滑下，并进入 BC 轨道，如图所示。已知 BC 段的动摩擦因数 $\mu = 0.4$，求：

（1）物体滑至 B 点时的速度。

（2）物体最后停止在离 B 点多远的位置上。

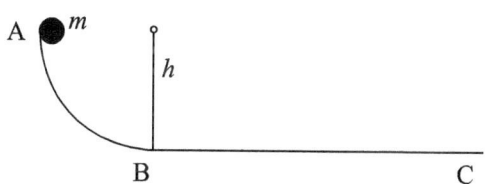

30. 一物体质量为 2 kg，以 $v_0 = 15$ m/s 的初速度，从距地面 20 m 高的地方水平抛出。求：（g 取 10 m/s^2）

（1）物体落地时的速度大小是多少？

（2）物体落地时的机械能是多少？（取地面为零势能面）

31. 如图所示，一个质量为 2 kg 的物体静止在光滑水平面上。现沿水平方向对物体施加 10 N 的拉力。求：（g 取 10 m/s²）

（1）物体运动时加速度的大小。

（2）物体运动 3 s 时动能的大小。

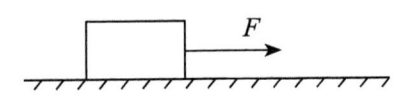

32. 一个质量为 4 kg 的物体从高 200 m 处做自由落体运动。求：（g 取 10 m/s²）

（1）该物体 1 s 末的速度。

（2）该物体 2 s 末的动量。

（3）该物体 3 s 末的动能。

（4）该物体 10 s 末的位移。

6 电场 Electric Field

第一节 电荷与库仑定律
Electric charge and Coulomb's Law

1 两种电荷
Two kinds of electric charges

大家知道，用毛皮摩擦过的橡胶棒，用丝绸摩擦过的玻璃棒，能吸引轻小物体（attract small bits of matter），它们都带上了电荷（electric charge）。玻璃棒上带的电荷叫正电荷（Charges on glass rubbed with silk were arbitrarily called positive），橡胶棒上带的电荷叫负电荷（Charges on ebonite rubbed with fur were arbitrarily called negative）。

自然界只存在两种电荷：正电荷和负电荷，而且同种电荷相互排斥，异种电荷相互吸引（Like charges repel and unlike charges attract）。

同种电荷放在一起互相增强，异种电荷放在一起互相减弱或者抵消（offset）。等量的异种电荷完全相互抵消的现象（Equal amounts of opposite charges can be offset）叫作中和（neutralization）。

电荷的多少叫作电荷量（quantity of electric charge），单位是库仑（coulomb），简称库，用符号 C 表示。通常，正电荷的电荷量用正数表示，负电荷的电荷量用负数表示。

2 静电感应与电荷守恒定律
Electrostatic induction and law of conservation of charge

在摩擦起电（charged by rubbing）中，一个物体失去一些电子（electron）而带正电，另一个物体得到这些电子而带负电（A body can become positively or negatively charged by losing or gaining some electrons）。摩擦起电并不是创造（create）了电荷，而是使物体中的正、负电荷分开（separate），并使电子从一个物体转移（transfer）到另一个物体。摩擦可以使物体带电，用其他方法也可以使物体带电。

取一对用绝缘支柱支持的金属导体（conductor）A 和 B，使它们彼此接触。起初它们不带电，贴在它们下部的金属片是闭合（closed）的。现在把带正电荷的球 C 移近导体 A，可以看到 A、B 上的金属片都张开了，表示 A、B 都带上了电荷，如图 6-1a。实验表明：导体 A 上带负电荷，与 C 上的电荷异号；导体 B 上带正电荷，与 C 上的电荷同号。如果先把 A 和 B 分开，然后移去 C，可以看到 A 和 B 仍带有电荷，如图 6-1b。如果再让 A 和 B 接触，它们就不再带电。这说明了 A 和 B 分开后所带的异种电荷是等量的，重新接触后等量异种电荷发生中和。把电荷移近不带电的导体，可以使导体带电，这种现象叫作静电感应（The phenomenon of the appearance of opposite charges on the two ends of an originally neutral metal body under the action of a charged body nearby is called the electrostatic induction）。利用静电感应使物体带电，叫作感应起电（charged by induction）。

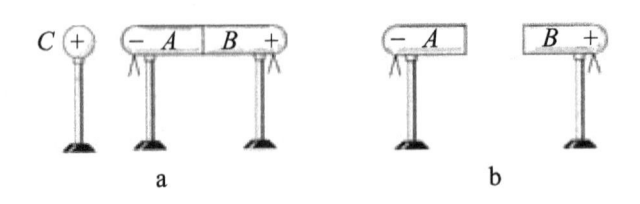

图 6-1 静电感应实验

把带正电的球 C 移近金属导体 A 和 B 时，导体上的自由电子被吸引过来，因此导体 A 和 B 分别带上了等量的异种电荷。感应起电也不是创造了电荷，而是使物体上的正、负电荷分开，使电荷从物体的一部分转移到另一部分。大量事实说明：

电荷既不能被创造，也不能被消灭，只能从一个物体转移到另一个物体，或者从物体的一部分转移到另一部分，在转移的过程中，电荷的总量保持不变。

Charge can not be created, or be eliminated. It can only be transferred from one body to another or from one part of a body to another part. During the transference, the total amount of charge remains unchanged.

这个结论叫作电荷守恒定律，它是物理学中重要的基本定律之一。

3 元电荷与库仑定律
Elementary charge and Coulomb's Law

电子和质子（proton）带有等量的异种电荷，它们的电荷量记作 e。实验指出，所有带电体（charged body）的电荷量都是电荷量 e 的整数倍（integral multiple）。因此，电荷量 e 称为元电荷。

电荷量 e 的数值最早是由美国科学家密立根（Robert Andrews Millikan，1868～1953）用实验测得的。在密立根实验之后，人们又做了许多实验，进一步精确地测定电荷量 e。现在测得的元电荷的精确值为：

$$e = 1.6021892 \times 10^{-19} \text{ C}$$

通常可取作 $e = 1.60 \times 10^{-19}$ C，1 C 的电荷量相当于 6.25×10^{18} 个电子或质子所带的电荷量。电子的电荷量和电子的质量之比，叫作电子的荷质比（charge-to-mass ratio）。它也是一个常用的物理常量。电子的质量为 $m_e = 9.1 \times 10^{-31}$ kg。

实验表明：电荷之间的作用力随着电荷量的增大而增大，随着距离的增大而减小。法国物理学家库仑（Charles-Augustin de Coulomb，1736～1806）用实验研究了电荷间的相互作用力，于 1785 年发现了后来以他的名字命名的定律。这个定律表述如下：

在真空中的两个点电荷之间的相互作用力跟它们的电荷量的乘积成正比，跟它们之间的距离的平方成反比，作用力的方向在它们的连线上。

The force between two point charges acts along the line joining them, and is directly proportional to the product of the magnitudes of the charges, and inversely proportional to the square of the distance between them.

这就是库仑定律。电荷间这种相互作用的力叫作静电力（electrostatic force）或库仑力（coulomb force）。

库仑定律中所说的点电荷（point charge）指的是，如果带电体之间的距离比它们自身的大小大得多，以致带电体的形状和大小对相互作用力的影响可以忽略不计，这样的带电体就可以看成点电荷（If the effect of the shape and size of the charged body on the interactive electric force can be negligible, we can take the body as a point charge）。

如果用 Q_1、Q_2 表示两个点电荷的电荷量，用 r 表示它们之间的距离，用 F 表示它们之间的静电力，库仑定律就可以写成下面的公式：

$$F = \frac{kQ_1Q_2}{r^2}$$

式中 k 是比例恒量（proportionality constant），叫作静电力常量。国际单位制中电荷量的单位是库仑，简称库，用符号 C 表示。由实验得出真空（vacuum）条件下，$k = 9.0 \times 10^9 \text{ N} \cdot \text{m}^2/\text{C}^2$。

【例1】 两个半径相同的金属小球，带电荷量之比为 1：7，相距为 r，两者相互接触后再放回原来的位置上，则相互作用力可能为原来的（　　）。

A. $\dfrac{4}{7}$　　B. $\dfrac{3}{7}$　　C. $\dfrac{9}{7}$　　D. $\dfrac{16}{7}$

分析：

设两小球的电荷量分别为 q 与 $7q$，则原来相距 r 时的相互作用力

$$F = \frac{kq \cdot 7q}{r^2} = \frac{7kq^2}{r^2}$$

由于两球的电性未知，接触后相互作用力的计算可分两种情况：

（1）两球电性相同

相互接触时两球电荷量平均分布，每球带电荷量为 $(q + 7q)/2 = 4q$，放回原处后它们之间表现为排斥力（repulsive force），大小为 $F_1 = k4q \cdot 4q/r^2 = 16kq^2/r^2$

（2）两球电性不同

相互接触时电荷先中和再平分（bisect），每球带电荷量为 $(7q - q)/2 = 3q$，放回原处后它们之间表现为吸引力，大小为 $F_1 = k3q \cdot 3q/r^2 = 9kq^2/r^2$

选项 C、D 正确。

说明：

（1）相同的球接触后电荷量平分，是库仑当年从直觉得出的结果，也是库仑实验中的一个重要的思想方法——依靠彼此接触达到改变电荷量的目的。

（2）本题的计算渗透着电荷守恒的思想，即电荷不会创生，也不会消失，只能从一个物体转移到另一个物体，或从物体的一部分传递到另一部分，电荷的总量保持不变。

【例2】 如图①所示，三个点电荷 q_1、q_2、q_3 固定在一直线上，q_2 与 q_3 的距离为 q_1 与 q_2 距离的 2 倍，每个电荷所受静电力的合力均为零，由此可以判定（determine），三个电荷的电荷量之比 $q_1 : q_2 : q_3$ 为（ ）。

A. $-9 : 4 : -36$　　　B. $9 : 4 : 36$　　　C. $-3 : 2 : -6$　　　D. $3 : 2 : 6$

分析：

每个电荷所受静电力的合力为零，其电性不可能相同，只能是如图②所示的两种情况。

考虑 q_2 的平衡，由

$$r_{1-2} : r_{2-3} = 1 : 2,$$

据库仑定律，得

$$q_3 = 4q_1。$$

考虑 q_1 的平衡，由

$$r_{1-2} : r_{1-3} = 1 : 3,$$

同理得

$$q_3 = 9q_2, \text{ 或 } q_2 = \frac{1}{9}q_3 = \frac{4}{9}q_1,$$

则

$$q_1 : q_2 : q_3 = 1 : \frac{4}{9} : 4 = 9 : 4 : 36$$

考虑电性后应为 $-9 : 4 : -36$ 或 $9 : -4 : 36$，只有 A 正确

库仑定律在其他介质（medium）中同样适用，只是不同的介质中 k 值不同。一般计算空气中的点电荷间的静电力时，可按在真空中处理。

库仑定律是电磁学的基本定律之一。库仑定律给出的虽然是点电荷间的静电力，但是任意带电体都可以看成是由许多点电荷组成的。所以，如果知道带电体中的电荷分布，根据库仑定律和力的合成法则就可以求出带电体间的静电力的大小和方向。

本节小结

1. 自然界只存在两种电荷：正电荷和负电荷。同种电荷相互排斥，异种电荷相互吸引。

2. 电荷的多少叫作电荷量，单位是库仑，简称库，用符号 C 表示。

3. 电荷守恒定律：电荷既不能创造，也不能被消灭，只能从一个物体转移到另一个物体，或者从物体的一部分转移到另一部分，在转移的过程中，电荷的总量保持不变。

4. 库仑定律：在真空中的两个点电荷之间的相互作用力跟它们的电荷量的乘积成正比，跟它们之间的距离的平方成反比，作用力的方向在它们的连线上。公式表示为：$F = \dfrac{kQ_1Q_2}{r^2}$。

第二节 电场与电场强度
Electric field and electric field intensity

1 电场与电场强度
Electric field and electric field intensity

经过长期的科学研究，人们认识到：<u>电荷之间的相互作用是通过电场发生的，只要有电荷存在，电荷的周围就存在着电场；电场的基本性质是它对放入其中的电荷有力的作用，这种力叫作电场力</u>（The interaction between charges happen in an electric field. Wherever there is a point charge, there is an electric field set up in the space around it; an electric field is capable of exerting a force on any point charge placed in the field）。

电荷 a 和 b 的相互作用是通过电场发生的：电荷 a 对电荷 b 的作用，实际上是电荷 a 的电场对电荷 b 的作用；电荷 b 对电荷 a 的作用，实际上是电荷 b 的电场对电荷 a 的作用。引入场的概念是对物理学的重要贡献。电场和磁场（magnetic field）虽然由原子（atom）和分子（molecule）组成的物质不同，但它们是客观存在的一种特殊物质形态。

研究电场，必须在电场中放入电荷。这个电荷的电荷量应当充分小，放入之后不致影响原来要研究的电场，体积也要充分小（small in dimensions so that can be taken as a point charge），便于用来研究电场中各点的情况。这样的电荷称为检验电荷（test charge）。把检验电荷 q 放在电荷 Q 产生的电场中。电荷 q 在电场中的不同点受到的电场力（electric field force）的大小一般是不一样的。这表示各点的电场强弱不一样。

电荷 q 在距 Q 较近的 A 点受到的电场力大，表示这点的电场强；电荷 q 在距 Q 较远的 B 点受到的电场力小，表示这点的电场弱。但是，我们不能直接用电场力的大小表示电场的强弱，因为不同的电荷 q 在电场的同一点所受的电场力 F 是不同的。实验表明：在电场中的同一点，比值 $F:q$ 是恒定的，在电场中的不同的点，比值 $F:q$ 一般是不同的。这个比值由电荷 q 在电场中的位置所决定，跟电荷 q 无关，是反映电场性质的物理量。在物理学中，用比值

F/q，也就是单位电荷（unit charge）受到的电场力的大小来表示电场的强弱。

放入电场中某一点的电荷受到的电场力 F 跟它的电荷量 q 的比值叫作该点的电场强度。

If we place a test charge at some point in the electric filed, we define the ratio of the force F exerted on the charge and its amount q as the electric field intensity at that point.

电场强度简称场强，用符号 E 表示电场强度，则有

$$E = \frac{F}{q}$$

如果知道电场中某一点的场强 E，就可以求出任意电荷量为 q 的电荷在该点所受的电场力 $F = qE$。电场强度是反映电场的物理量，是单位电荷所受到的电场力，它与检验电荷 q 无关（Electric field intensity is force per unit charge; it characterizes the electric field, regardless of the test charge）。

电场强度的单位是 N/C，它和力一样是矢量。我们规定电场中某点的场强方向跟正电荷在该点所受的电场力的方向相同（The direction of E is the direction of the force on a positive test charge）。负电荷在场中某点受到的电场力的方向与该点的场强方向相反。

2 点电荷的场强与电场的叠加原理

The field intensity of the point charge and the superposition principle of electric fields

由电场强度的定义和库仑定律可以得出，在点电荷 Q 形成的电场中，距 Q 为 r 的 P 点场强 E 的大小为：

$$E = \frac{kq}{r^2}$$

如果 Q 是正电荷，E 的方向就是沿着 QP 连线并背离 Q；如果 Q 是负电荷，E 的方向就是沿着 QP 连线并指向 Q。（如图 6-2）

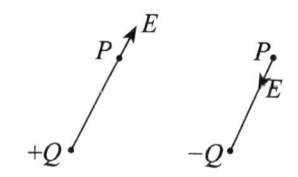

图 6-2 正、负电荷形成的电场

如果有几个点电荷同时存在，它们的电场就互相叠加，形成合电场。这时某点的场强等于各个点电荷在该点产生的场强的矢量和。

这叫作电场的叠加原理（superposition principle of electric fields）。例如图 6-3 中 P 点的场强 E 等于 Q_1 在该点产生的场强 E_1 和 Q_2 在该点产生的场强 E_2 的矢量和。

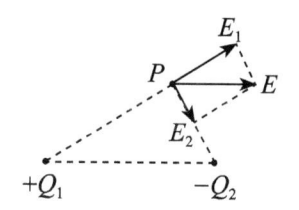

图 6-3 电场的叠加

【例】 在真空中有一个点电荷 Q，在它周围跟 Q 在一条直线上有 A、B 两点，相距 $d = 12$ cm，已知 A 点和 B 点的场强大小之比 $E_A : E_B = 4 : 1$，试求场源（field source）电荷 Q 在该直线上的位置。

分析：

根据点电荷的场强公式 $E = kq/r^2$ 直接可得。

解：

设场源电荷 Q 离 A 点距离为 r_1，离 B 点距离为 r_2，根据点电荷场强公式和题设条件求解。

由下式：

$$\frac{kq}{r_1^2} = \frac{4kq}{r_2^2}$$

可得：

$$r_2 = 2r_1$$

满足上述距离条件的场源位置可以有两种情况，如图①所示。

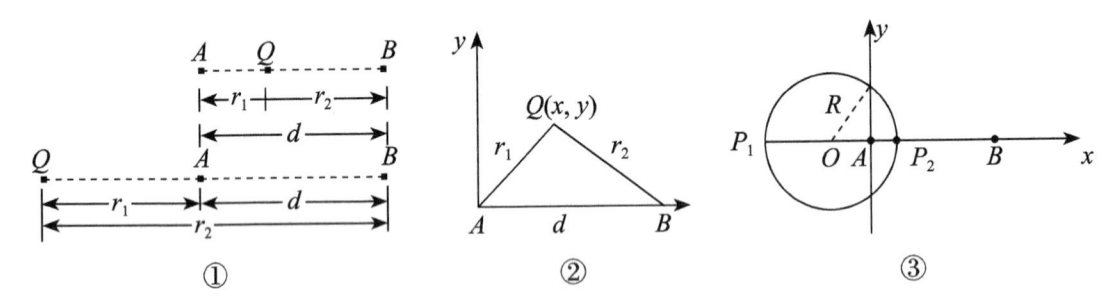

① ② ③

因此，可以有两解：

$$\begin{cases} r_1 = 4 \text{ cm} \\ r_2 = 8 \text{ cm} \end{cases} \quad \text{或} \quad \begin{cases} r_1 = 12 \text{ cm} \\ r_2 = 24 \text{ cm} \end{cases}$$

也就是说，当场源电荷 Q 在 AB 连线中间时，应距 A 为 4 cm 处；当场源电荷 Q 在 AB 连线的 A 点外侧时，应距 A 为 12 cm 处。

有了点电荷的场强公式和场强的叠加性，原则上可以求出任何一个已知电荷分布所形成的电场中任一点的场强。

3 电场线与匀强电场

Electric field lines and uniform electric field

英国物理学家法拉第（Michael Faraday, 1791 ~ 1867）首次提出电场的概念，他还提出了用电场线表示电场的方法。

在电场中的每一点场强 E 都有一定的方向，如果在电场中画出一系列曲线，使曲线上每一点的切线方向都跟该点的场强方向一致，这样的曲线就叫作电场线。

An electric field line is a line drawn in such a way that the tangent to the line at each point represents the direction of the field at that point.

图 6-4 表示一条电场线，A、B、C 各点的场强矢量在各点的切线（tangent）上，方向分别如图中的箭头所示。

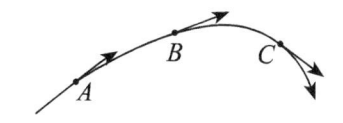

图 6-4　电场线及场强方向

电场线的形状可以用实验来模拟（simulate），把头发屑悬浮在蓖麻油里，加上电场，微屑就按照场强的方向排列起来，显示出电场线的分布情况。应该注意，这个实验只是用来模拟电场线的分布情况，电场线不是电场中实际存在的线，而是形象地描述电场的假想的线。

图 6-5 表示单个点电荷的电场线的分布，图 6-6 表示两个等电荷量的点电荷的电场线的分布。

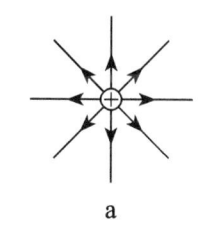

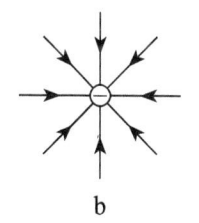

图 6-5　单个点电荷的电场线分布

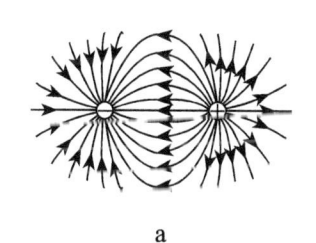

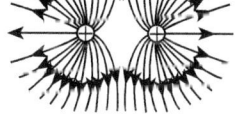

图 6-6　两个等电荷量的点电荷的电场线分布

我们知道，在离产生电场的电荷越近的地方，场强越大。从图中可以看出，电场线从正电荷出发，终止于负电荷，任意两条电场线不相交（Electric field lines originate on positive charges and terminate on negative charges. Two field lines never intersect）。在离产生电场的电荷越近的地方，电场线越密。所以用电场线不仅可以形象地表示场强的方向，而且在同一个电场线分布图里还可以大致表示场强的大小：**电场线越密的地方，场强越大；电场线越稀的地方，场强越小**（The density of the lines represents the field intensity. The denser the lines, the stronger the intensity)。

在电场的某一区域，如果场强的大小和方向都相同，这个区域的电场叫作匀强电场。

If the electric field is everywhere parallel and has the same magnitude, we call it a uniform electric field.

匀强电场是最简单的电场，在实际研究中经常用到它。两块靠近的平行（parallel）金属板，大小相等，互相正对，且分别带等电荷量的正、负电荷，它们间的电场，除边缘附近外，就是匀强电场。

匀强电场的电场线是距离相等的平行线（**The electric field lines of a uniform electric field are straight, parallel and uniformly spaced**）。

本节小结

1. 电场强度：放入电场中某一点的电荷受到的电场力 F 跟它的电荷量 q 的比值。电场强度是矢量，它描述电场的大小和方向。公式为 $E = \dfrac{F}{q}$。

2. 在点电荷 Q 形成的电场中，距 Q 为 r 的 P 点场强 E 的大小为：$E = \dfrac{kq}{r^2}$。

3. 电场的叠加原理：如果有几个点电荷同时存在，它们的电场就互相叠加，形成合电场。这时某点的场强等于各个点电荷在该点产生的场强的矢量和。

4. 电场线越密的地方，场强越大；电场线越稀的地方，场强越小。

5. 匀强电场的电场线是距离相等的平行线。

第三节　电场中的导体与静电平衡 *

Conductors in an electric field and electrostatic equilibrium

把一个不带电的金属导体 ABCD 放到场强为 E 的电场中，导体内的自由电子受到电场力的作用，将向电场的反方向做定向移动（directional movement）。（如图 6-7a）这样，在导体的 AB 面上将出现负电荷，在 CD 面上将出现正电荷。导体里的自由电子在外电场的作用下重新分布的现象，就是前面讲过的静电感应。

导体两面出现的正、负电荷在导体内部（interior）产生反方向的电场 E'。它的电场线用虚线表示（如图 6-7b），这个电场与外电场叠加，使导体内部的电场减弱。但是，只要导体内部的场强不为零，自由电子在电场力的作用下就继续移动，导体两面的正负电荷就继续增加。导体内部的电场就进一步削弱（weaken），直到导体内部各点的合场强都等于 0 时为止。这时，导体内的自由电子不再做定向移动。（如图 6-7c）

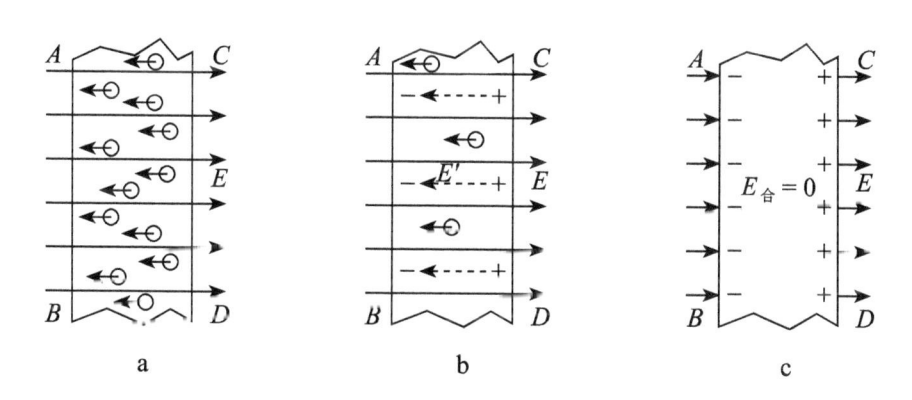

图 6-7　导体内的电子在电场力作用下定向移动的过程

导体中（包括表面）没有电荷的定向移动的状态，叫作静电平衡状态（A conductor is said to be in electrostatic equilibrium if there is no net flow of charge either in the interior or on the surface of the conductor）。处于静电平衡状态的导体，内部的场强处处为零（The electric field within a conductor in electrostatic equilibrium is zero everywhere）。

把一个实心导体（solid conductor）挖空，变成一个导体壳（hollow

conductor)。在静电平衡状态下,壳内的场强仍处处为 0。这样,导体壳就可以保护它所包围的区域,使这个区域不受外部电场的影响(leaving the inner surface neutral and the cavity field-free),这种现象叫作静电屏蔽(electrostatic shielding)。实际上用金属网罩就可以起到导体壳的作用,常用来保护电子仪器和电学设备。

第四节　电势差与电势

Electric potential difference and electric potential

前面我们从电荷在电场中受到力的作用出发，研究了电场的性质，接着我们将从做功和能量的角度来研究电场的性质。

1　电势差与电势

Electric potential difference and electric potential

物体在重力作用下从高处向低处移动时，重力做功。对于同一个物体，高度差越大，重力做功越多。与此类似，电荷在电场中移动时，电场力做功，同一个电荷从一点移动到另一点时，电场力做功越多，就说明这两点间的电势差越大。

电荷 q 在电场中由一点 a 移动到另一点 b 时，电场力所做的功 W_{ab} 与电荷量 q 的比值 W_{ab}/q，叫作 a、b 两点间的电势差。

The work done by the electric field force in moving a charge q from point a to point b divided by the quantity of the charge q is called the electric potential difference across ab.

用 U_{ab} 表示电势差，即：

$$U_{ab} = \frac{W_{ab}}{q}$$

可以证明，电场力所做的功 W_{ab} 跟移动电荷的路径无关（path-independent）。所以，**电势差 U_{ab} 也跟移动电荷的路径无关，只跟 a、b 两点的位置有关**。电势差 U_{ab} 跟电荷量 q 无关，只跟 a、b 两点的位置有关，这表示电势差这个物理量反映了电场本身的性质。

如果取 q 为单位正电荷，上式中的 U_{ab} 在数值上等于 W_{ab}。可见，a、b 两点间的电势差 U_{ab} 在数值上等于单位正电荷由 a 点移动到 b 点时电场力所做的功 W_{ab}。

在国际单位制中，电势差的单位是伏特，简称伏，用符号 V 表示。如果 1 C 的正电荷在电场中由一点移到另一点，电场力所做的功为 1 J，这两点间的电势差就是 1 V，即 1 V = 1 J/C。

我们通常说室内吊灯的高度为 2 m，是选择了室内地面作为参考平面，取参考平面的高度为零，把室内吊灯与室内地面的高度差作为吊灯的高度。类似地，如果在电场中选择某一参考点（reference point），也可以由电势差定义电场中各点的电势。

选择电场中的 o 点作为参考点，取参考点的电势为零（zero potential）。设 a、o 两点的电势差为 U_{ao}，我们定义 a 点的电势 U_a 为

$$U_a = U_{ao}$$

电场中某点的电势在数值上等于单位正电荷由该点移至参考点（零势能点）时电场力所做的功。

电势的单位与电势差的单位相同，也是伏特。参考点的选取是任意的，选取原则是便于研究问题。在实际应用中，通常选取大地的电势为零。在如图 6-8 所示的电场中，取 C 点为零势能点，1 C 的正电荷由 A、B、D 三点移动到 C 点时，电场力所做的功分别是 15 J、5 J、−3 J，这三点的电势就分别是 15 V、5 V、−3 V。

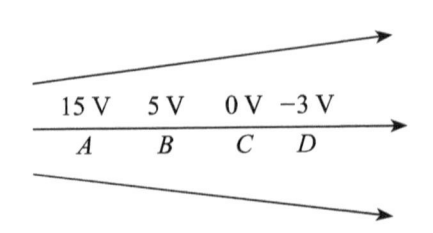

图 6-8 零势能点选取后，各点的电势确定

有了电势的概念，就可以用电势的差值来表示电势差。在图 6-8 中，A、B 两点的电势差 $U_{AB} = U_A - U_B = 15 - 5 = 10$ V，而 D、A 两点的电势差 $U_{DA} = U_D - U_A = -3 - 15 = -18$ V。

应该注意的是，电场力所做的功可以是正值或负值，所以两点间的电势差也可以是正值或负值。有时人们只关心两点间电势差的大小，不区分 U_{ab} 和 U_{ba}，这时电势差取正值，U_{ab} 或 U_{ba} 都简写成 U，电势差也叫作电压（voltage）。

2 电场力做功和电势能

Work done by the electric field force and the electric potential energy

在电场中，我们可以根据电场线的方向判断电势的高低。沿着电场线的方向将单位正电荷由 a 点移至 b 点，电场力做正功，$U_{ab} > 0$，即 $U_a > U_b$。这就是说，**沿着电场线的方向，电势越来越低**（The electric potential of an electric field decreases in the direction of field lines）。

与物体在重力场中具有重力势能类似，电荷在电场中有电势能（electric potential energy）。重力对物体做的功与物体的重力势能改变量有相等的数值，类似地，电场力对电荷做的功与电荷的电势能的改变量相等（The change of the electric potential energy equals the work done by the electric field force on the moving charge）。**如果电场力做正功，电势能就减小；电场力做负功，电势能就增大，电场力做功的过程就是电势能和其他形式能相互转化的过程。**

【例】 在电场中把一个电荷量为 6×10^{-6} C 的负电荷从 A 点移到 B 点，反抗（against）电场力做功 3×10^{-5} J，再将电荷从 B 移到 C 点，电场力做功 1.2×10^{-5} J，求 A 与 B，B 与 C，A 与 C 两点间的电势差。

分析：

电荷从 A 移到 B 时，反抗电场力做功，表示电场力做负功，相当于在重力场中把物体举高反抗重力做功，因此 $W_{AB} = -3 \times 10^{-5}$ J。电荷从 B 移到 C，$W_{BC} = 1.2 \times 10^{-5}$ J。

解：

根据电荷移动时电场力的功和电势差的关系，得

$$U_{AB} = \frac{W_{AB}}{q} = \frac{(-3 \times 10^{-5})}{(-6 \times 10^{-6})} = 5 \text{ V}$$

$$U_{BC} = \frac{W_{BC}}{q} = \frac{(1.2 \times 10^{-5})}{(-6 \times 10^{-6})} = -2 \text{ V}$$

$$U_{AC} = U_{AB} + U_{BC} = 5 + (-2) = 3 \text{ V}$$

说明：

（1）电势差定义式为 $U = W/q$ 中的 W，必须是电场力做的功。

（2）公式中 W、q、U 均可以有正负。

3 等势面

Equipotential surface

在地图中人们常用等高线来表示地形的高低，与此相似，在电场中常用等势面来表示电势的高低。

电场中电势相同的各点构成的面叫等势面。

An equipotential surface is the locus of points having the same electric potential.

在同一等势面上的任何两点间的电势差为零，所以在同一等势面上移动电荷时电场力不做功。

等势面一定跟电场线垂直，即跟场强的方向垂直（The equipotential surface is everywhere perpendicular to the field lines and thus E）。这是因为，假如不垂直，场强就有一个沿着等势面的分量（component），在等势面上移动电荷时电场力就要做功，而这与等势面的定义矛盾。

沿着电场线的方向电势越来越低，所以电场线不但跟等势面垂直，而且总是由电势高的等势面指向电势低的等势面。

图 6-9 和图 6-10 是几种常见的电场中的等势面（图中用实线表示等势面，虚线表示电场线）。图中任何两个相邻的等势面间的电势差都相等。

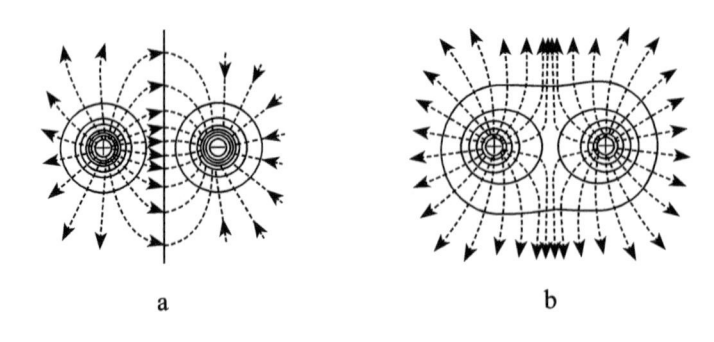

图 6-9 带等电荷量的两个点电荷的等势面

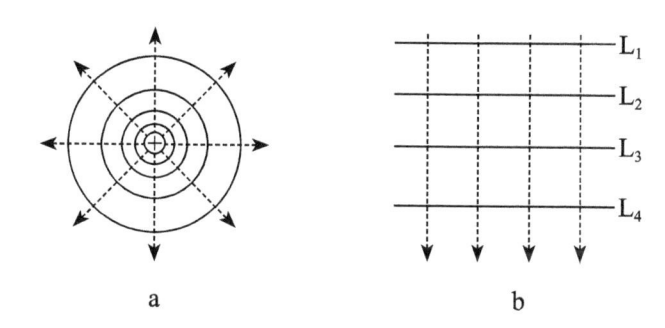

图 6-10 单个点电荷和匀强电场的等势面

前面提到过，处于静电平衡状态的导体，内部的场强为 0，在任意两点间移动电荷都不做功，所以任意两点间的电势差为 0，整个导体是个等势体（equipotential body），导体表面是个等势面。

实际中测定电势比测定场强容易，所以常用等势面研究电场。先绘出等势面的形状和分布，再根据电场线与等势面互相垂直，绘出电场线的分布，就可以知道电场的情况了。设计电子仪器（如示波器、电子显微镜等）中电极的形状、大小和相互位置时，都需要经过实验测绘出等势面的形状和分布，推知电极所产生的电场的情况，以便确定符合实际要求的设计方案。

4 匀强电场中电势差与电场强度的关系

Relation between the electric potential difference and field intensity in a uniform field

电场强度是与电场对电荷的作用力相联系的，电势差是与电场力移动电荷做功相联系的。正如力和功的联系一样，电场强度和电势差也是有联系的。我们以匀强电场为例来研究它们的关系。

图 6-11 表示某一匀强电场的等势面和电场线。设 A、B 间的距离为 d，电势差为 U，电场强度为 E。把正电荷 q 从 A 移动到 B，电场力做的功 $W = Fd = qEd$，而 $W = qU$，因此我们可以得到

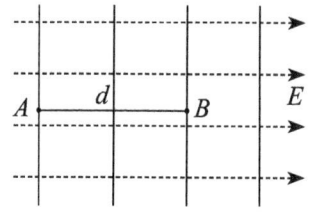

图 6-11 匀强电场的等势面和电场线

$$U = Ed$$

这就是说，**在匀强电场中，沿电场强度方向的两点间的电势差等于电场强度和这两点间距离的乘积**。把上式改写为

$$E = \frac{U}{d}$$

这个等式说明，在匀强电场中，电场强度在数值上等于沿电场强度方向上每单位距离上的电势差（The electric field intensity in a uniform field equals the potential difference per unit length along the direction of the field）。由此我们可以得到电场强度的另一个单位——伏特每米，简称伏每米，用符号 V/m 表示，即 1 V/m = 1 J/Cm = 1 Nm/Cm = 1 N/C

由于电场力做功与路径无关，所以，**沿着垂直于等势面的方向，即电场线方向，电势下降最快**（Qualitatively, the direction of E is the direction in which potential drops most rapidly）。

本节小结

1. 电荷 q 在电场中由一点 a 移动到另一点 b 时，电场力所做的功 W_{ab} 与电荷量 q 的比值 W_{ab}/q，叫作 a、b 两点间的电势差。公式为：$U_{ab} = \dfrac{W_{ab}}{q}$。

2. 在国际单位制中，电势差的单位是伏特，简称伏，用符号 V 表示。

3. 沿着电场线的方向，电势越来越低。

4. 电场力做正功，电势能就减小，电场力做负功，电势能就增大。

5. 电场中电势相同的各点构成的面叫等势面。等势面一定跟场强的方向垂直。

6. 匀强电场中，沿电场强度方向两点间的电势差等于电场强度和这两点间距离的乘积。即 $U = Ed$。

第五节　电容 *
Capacitance

1　电容器
Capacitor

电容器是电气设备中的一个重要元件,在电子和电工技术中有很重要的应用。两个平行金属板中间夹上一层绝缘物质,也叫电介质（dielectric）,就组成一个最简单的电容器,叫作平行板电容器（parallel-plate capacitor）。两个金属板叫作电容器的两个极（pole）。实际上,任何两个彼此绝缘又相隔很近的导体,都可以看作是一个电容器（A combination of two conductors separated by a vacuum or an insulator is called a capacitor or a condenser）。

电容器可以容纳（store）电荷。如图 6-12a 所示,把电容器的一个极板（plate）跟电池组（battery pack）的正极相连,另一个极板和电池组的负极相连,两个极板就分别带上了等量的异种电荷。这个过程叫充电（charging）。充电后,切断与电池组的联系,两个极板上就都保存有电荷,两个极板间就形成电场,这样充电过程中从电池组获得的电能就储存在电场中,称为电场能（electric field energy）。

如图 6-12b 所示,把充电后的电容器的两个极板相连接通,两个极板上的电荷互相中和,电容器就不再带电,这个过程就叫放电（discharging）。放电后,两个极板间就不存在电场,电场能就转化成其他形式的能。

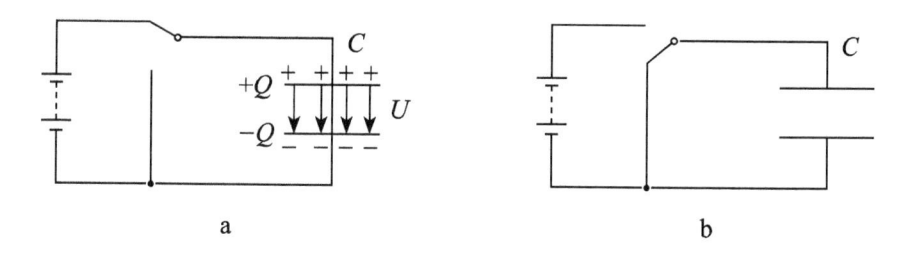

图 6-12　电容器的充、放电

2 电容

Capacitance

电容器带电时两极之间产生电势差，这个电势差与电容器所带的电荷量有关。这里说的电容器的带电量，是指每个极板所带电荷量的绝对值（The absolute value of the charge carried by either plate is called the charge on the capacitor）。实验表明，对任何一个电容器来说，两极间的电势差 U 都随所带电量 Q 的增加而增加，比值 Q/U 是一个常量。不同的电容器，这个比值一般是不同的，它表征了电容器储存电荷的本领（For a given capacitor, the charge Q is proportional to the potential difference U across the plates, so that Q/U is a constant. This constant is different for different capacitors. It characterizes a capacitor）。

电容器所带的电量 Q 跟它的两极间的电势差 U 的比值，叫作电容器的电容（capacitance of a capacitor）。用 C 表示电容，则有：

$$C = \frac{Q}{U}$$

上式表示，电容器的电容在数值上等于两极板间的电势差为 1 V 时电容器需要带的电荷量。例如用两个容器装水时，若使容器中的水为 1 cm 深，那么底面积大的容器需要的水量多。这与电容器的情况类似。可见，电容是表示电容器容纳电荷本领的物理量。

在国际单位制中，电容的单位是法拉（farad），简称法，用符号 F 表示。一个电容器，如果带 1 C 的电荷量时两极间的电势差是 1 V，这个电容器的电容就是 1 F。实际中常用较小的单位：μF（微法）和 pF（皮法），1 F = 10^6 μF = 10^{12} pF。

平行板电容器的电容跟两极板的正对面积 S 和两极板间的距离 d 有关。电容器极板间充满某种电介质时电容增大到的倍数叫作这种电介质的介电常量，用 ε 表示（If the space between the plates is filled with an insulator, also called dielectric, the capacitance is increased by a factor ε that depends on the nature of the dielectric material）。

理论和实验都表明，平行板电容器的电容 C，跟介电常量 ε 成正比，跟极板正对面积 S 成正比，跟极板的距离 d 成反比，即：

$$C = \frac{\varepsilon S}{4\pi k d}$$

公式中的 k 为静电力常量。由此可见，电容器的电容一般是由两个导体的大小和形状，两个导体的相对位置以及它们之间的电介质决定的。

练习题

1. 关于电场强度，正确的是（　　）。

   A. 电场强度的大小与检验电荷的电荷量成反比

   B. 电场强度的方向与检验电荷的正负有关

   C. 电场强度大的地方电场线密

   D. 进入电场的电荷受力方向就是场强的方向

2. 由电场强度的定义式 $E = F/q$ 可知（　　）。

   A. E 和 F 成正比，F 越大 E 越大

   B. E 和 q 成反比，q 越大 E 越小

   C. E 的方向与 F 的方向相同

   D. E 的大小可由 F/q 确定

3. 在真空中，两个异种等量点电荷带电荷量均为 q，相距为 r。两点电荷连线中点的电场强度大小为（　　）。

   A. 0　　　B. $\dfrac{2kq}{r^2}$　　　C. $\dfrac{4kq}{r^2}$　　　D. $\dfrac{8kq}{r^2}$

4. 如图所示，在 $E = 500$ V/m 的匀强电场中 a、b 两点相距 $d = 2$ cm，它们的连线跟场强方向的夹角是 $60°$，则 U_{ab} 等于（　　）。

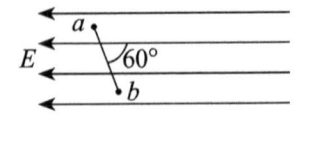

   A. 5 V　　　B. 10 V　　　C. −5 V　　　D. −10 V

5. 如图所示为某电场中的一条电场线，电场线上的 a、b 两点相距为 d，则（　　）。

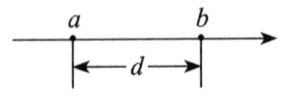

   A. a 点场强一定大于 b 点场强

   B. 任意电荷在 a 点的电势能一定大于在 b 点的电势能

   C. a、b 两点间电势差一定等于 Ed（E 为 a 点场强）

   D. a、b 两点间电势差在数值上等于单位正电荷由 a 点沿任意路径移到 b 点的过程中电场力做的功

6. 某静电场的电场线分布如图所示，图中 P、Q 两点的电场强度的大小分别为 E_P 和 E_Q，电势分别为 U_P 和 U_Q，则（　　）。

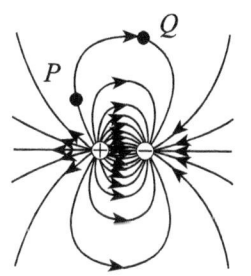

   A. $E_P > E_Q$，$U_P > U_Q$

   B. $E_P > E_Q$，$U_P < U_Q$

   C. $E_P < E_Q$，$U_P > U_Q$

   D. $E_P < E_Q$，$U_P < U_Q$

7. 电场线分布如图所示，电场中 a、b 两点的电场强度大小分别为 E_a 和 E_b，电势分别为 U_a 和 U_b，则（　　）。

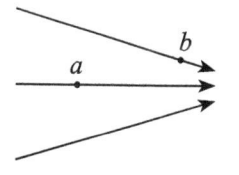

   A. $E_a > E_b$，$U_a > U_b$　　　　B. $E_a > E_b$，$U_a < U_b$

   C. $E_a < E_b$，$U_a > U_b$　　　　D. $E_a < E_b$，$U_a < U_b$

8. 在真空中的两个电荷，如果距离保持不变，把它们的电荷量都增加为原来的 2 倍，则两电荷的库仑力增大到原来的（　　）。

   A. 3 倍　　　　B. 4 倍　　　　C. 9 倍　　　　D. 6 倍

9. 两个点电荷相距为 d，相互作用力大小为 F。改变两个点电荷之间的距离，当相互作用力大小为 $4F$ 时，两电荷点之间的距离应是（　　）。

   A. $4d$　　　　B. $2d$　　　　C. $\dfrac{d}{2}$　　　　D. $\dfrac{d}{4}$

10. 在真空中，某点电荷带电荷量为 q，则相距为 r 处的电场强度大小为（　　）。

    A. 0　　　　B. $\dfrac{2kq}{r^2}$　　　　C. $\dfrac{kq^2}{r^2}$　　　　D. $\dfrac{kq}{r^2}$

11. 某电场的电场线如图所示，质子在 A、B 两点受到电场力的大小分别为 F_A 和 F_B，则它们的关系是（　　）。

    A. $F_A = F_B$　　　　　　　　B. $F_A > F_B$

    C. $F_A < F_B$　　　　　　　　D. 无法比较

12. 真空中有两个静止的点电荷，它们之间的库仑力大小为 F。若将它们之间的距离增大为原来 2 倍，带电荷量都增大为原来的 2 倍，则它们之间的

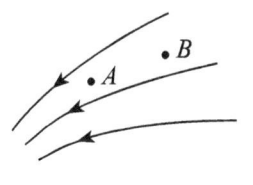

库仑力大小为（　　）。

　　A. $4F$　　　　B. $2F$　　　　C. F　　　　D. $\dfrac{F}{2}$

13. 如图所示，在 y 轴上关于 O 点对称的 A、B 两点有等量同种点电荷 $+Q$，在 x 轴上 C 点有点电荷 $-Q$，且 $CO = OD$，$\angle ADO = 60°$。下列正确的是（　　）。

　　A. O 点电场强度为 0　　　　B. D 点电场强度为 0

　　C. A 点电场强度为 0　　　　D. B 点电场强度为 0

14. 如图所示，空间有一电场，电场中有两个点 a 和 b。下列说法正确的是（　　）。

　　A. 该电场是匀强电场

　　B. a 点的电场强度比 b 点的大

　　C. b 点的电场强度比 a 点的大

　　D. 正电荷在 a、b 两点受力方向相同

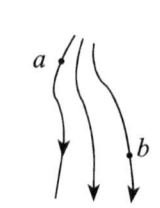

15. 电场中 A、B 两点间的电势差为 U，一个静止于 A 点、电荷量为 q 的正点电荷，在电场力的作用下从 A 点移动到 B 点。电场力所做的功等于（　　）。

　　A. U　　　　B. $\dfrac{U}{q}$　　　　C. $\dfrac{q}{U}$　　　　D. qU

16. 在真空中，两个点电荷带电荷量分别为 $+q$ 和 $-q$，相距为 r，则它们之间的电场力大小为（　　）。

　　A. $\dfrac{kq}{r}$　　　　B. $\dfrac{kq^2}{r}$　　　　C. $\dfrac{kq^2}{r^2}$　　　　D. $\dfrac{kq}{r^2}$

17. 在光滑绝缘的水平面上，有两个相距较近的带同种电荷的小球，将它们由静止释放，则两球间（　　）。

　　A. 距离变大，库仑力变大　　　　B. 距离变大，库仑力变小

　　C. 距离变小，库仑力变大　　　　D. 距离变小，库仑力变小

18. 两个相距为 d 的点电荷，相互作用力大小为 F，如果增大它们之间的距离到 $2d$，则两个点电荷之间相互作用力的大小变为_____。

19. 固定的 A、B 两个点电荷都带同种电荷，相距为 r，今把点电荷 C 放在 A、B 连线上距 A 为 r/2 处，C 刚好静止不动，则 A、B 两个点电荷所带电荷量之比 $Q_A : Q_B =$ _____。

20. 在电场中 A 点的电场强度为 5×10^3 N/C，电荷量为 6×10^{-9} C 的电荷在 A 点所受电场力多大？如果电荷的电荷量减小为 3×10^{-9} C，则 A 点的电场强度是多大？

21. 有一带电荷量 $q = -3 \times 10^{-6}$ C 的点电荷，从电场中的 A 点移到 B 点，电场力做负功为 6×10^{-4} J；从 B 点移到 C 点，电场力做正功 9×10^{-4} J。求 AB、BC、CA 间的电势差各为多少？

22. 两个分别带有电荷量 Q 和 5Q 的相同金属小球（均可视为点电荷），固定在相距为 r 的两处。
    （1）求两球间库仑力的大小。
    （2）假设两个小球带电荷量是 −Q 和 +5Q，现把小球相互接触后，再将其距离变为 2r，求这时候两球之间库仑力的大小。

23. 如图所示，竖直向上的匀强电场 E 中有一轻质细杆长为 L，中间固定在 O 点，两端分别有带等量异种电荷的小球 A 和 B，A 球质量 2m，B 球质量 m，求：
    （1）为使杆在水平位置保持静止，A 球和 B 球所带的电荷量和电性。
    （2）如设法把 B 球所带电量中和，从水平位置释放，则棒转到竖直位置时 A 球速度多大？

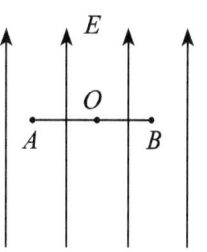

24. 如图 a 所示，质量 $m = 2$ kg，带电荷量 $Q = +1 \times 10^{-4}$ C 的小物块放在光滑的绝缘水平面上，所在空间存在方向沿水平向右的电场，电场强度 E 的大小与时间的关系如图 b 所示。求：

（1）根据电场的变化，求物体 4 s 内的位移。

（2）画出物体的 4 s 内的 $v\text{-}t$ 图像。

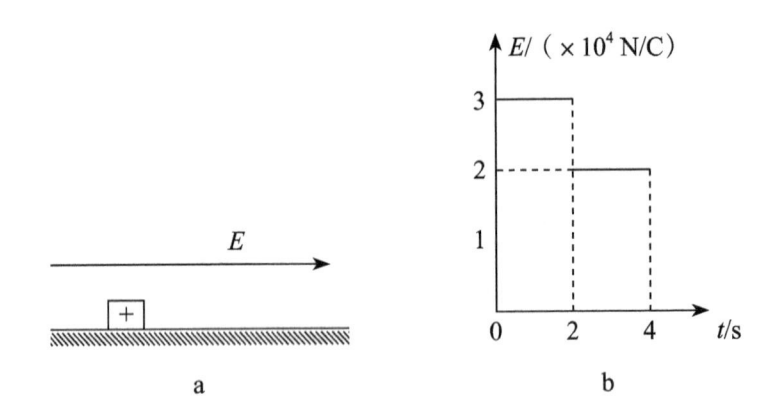

25. 如图所示，在水平桌面上有一个水平方向的匀强电场。将一个质量 $m = 0.04$ kg，带电量 $Q = -2 \times 10^{-5}$ C 的小物体放在 O 点，它所受的电场力为 0.8 N，方向向右。求：（g 取 10 m/s²）

（1）O 点的电场强度 E 的大小和方向。

（2）如果桌面与物体的动摩擦因数 $\mu = 0.25$，当给物体一个向左的初速度 $v_0 = 3$ m/s 时，物体回到 O 点时的速度 v。

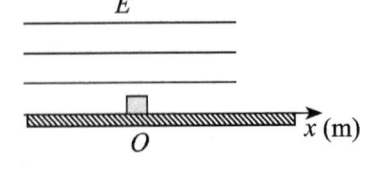

26. 有一带电荷量为 +3 × 10⁻⁶ C 的点电荷，将该点电荷从电场中的 A 点移到 B 点，电场力做正功为 6 × 10⁻⁴ J，求：

（1）AB 之间的电势差是多少？

（2）若电场中 B 点到 C 点的电势差为 +300 V，若将该点电荷从 B 点移到 C 点，则需做什么功？做多少功？

27. 两个点电荷带电荷量分别为 q_1 和 q_2，且 $q_1 = -9 \times 10^{-6}$ C，$q_2 = -3.6 \times 10^{-5}$ C，这两个点电荷相距 6 cm，静电力常量为 $k = 9 \times 10^9$ N·m²/C²，求：

（1）这两个点电荷之间是吸引，还是排斥？静电力大小是多少？

（2）另有一个点电荷 q_3，若 q_3 位于 q_1 和 q_2 的连线上，且 q_3 与 q_1 的距离是 2 cm，此时每个电荷所受静电力的合力均为零，则 q_3 带什么电荷？q_3 的大小为多少？

28. 如图所示，真空中，A、B、C 三点在一条直线上，A、B 两点相距 2r，B、C 两点相距 r。在 A、B 两点放置两个点电荷，电荷量分别是 +2Q、-Q，静电力常量为 k，求：

（1）A、B 处两点电荷之间的库仑力大小。

（2）在 C 处放置一个点电荷，使 B 处的点电荷所受的合力为 0，求 C 处点电荷的电荷量。

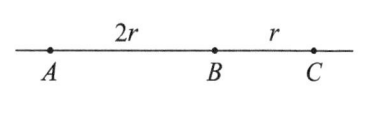

7 直流电路
Direct Current Circuit

这一章，我们开始学习关于恒定电流的知识。欧姆定律和串、并联电路是本章的重点，它们是分析和解决直流电路问题的基础。

第一节 电路与欧姆定律
Electric circuit and Ohm's Law

1 电流与电流强度
Electric current and current intensity

在电路中，电荷的定向移动形成电流。这就要求，首先要有能自由移动的电荷——自由电荷（free charges），还要求这些电荷做定向移动。金属中的自由电子（free electrons），电解质溶液（酸、碱、盐的溶液）中的正、负离子（ions），都是自由电荷。下面我们来分析自由电荷做定向移动的条件。

当导体中没有电场时，导体中有大量的自由电荷像气体中的分子一样，不停地做着无规则的热运动，朝各个方向运动的几率（possibility）都一样。从宏观角度来看，导体中的自由电荷没有发生规则的定向运动，因而不能形成电流，如图 7-1。

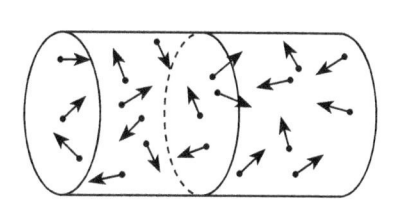

图 7-1 无规则运动的自由电荷

当导体两端加上电压，如接在电源（power supply）的正、负极上，导体两端就形成了电场。导体中的自由电荷在电场力的作用下，正电荷从电势高的一端向电势低的一端移动，负电荷则从电势低的一端移动到电势高的一端，从而发生定向移动，形成电流，如图7-2。

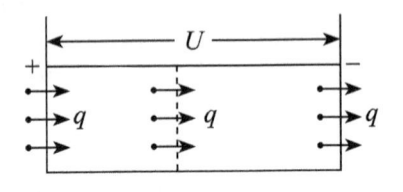

图 7-2 定向移动的自由电荷

导体中产生电流的条件是，导体两端存在电势差（For a current to flow, there must be a potential difference across the terminals of a conductor）。电源的作用就是保持导体两端的电势差，使电路中有持续的电流。因此，电流产生的条件：

（1）导体内有大量自由电荷（金属导体—自由电子；电解质溶液—正、负离子；导电气体—正、负离子和电子）。

（2）导体两端存在电势差。

导体中的电流可以是正电荷的定向移动，也可以是负电荷的定向移动。我们习惯上规定**正电荷的定向移动方向为电流的方向**（The direction of a current, for historic reasons, is defined as the direction in which positive charges will move under the action of an applied potential difference）。在金属中，自由电子是负电荷，它定向移动的方向与金属中的电流方向相反；在电解质溶液中，正离子定向移动的方向就是电流方向，负离子定向移动的方向与之相反。由于正电荷在电场力的作用下是从电势高处向电势低处移动，所以导体中电流的方向是从电势高的一端流向电势低的一端。

电流有强有弱，电流的强弱用电流强度来表示：

通过导体横截面的电荷量 q 跟通过这些电荷量所用的时间 t 的比值，叫作电流强度。

The current intensity is the charge passing through the cross-section of a current-carrying conductor per unit time.

电流强度简称电流，用符号 I 表示，有：

$$I = \frac{q}{t}$$

在国际单位制中，电流的单位是安培，简称安，用符号 A 表示。如果 1 s 内通过导体横截面的电荷量是 1 C，导体中的电流就是 1 A。常用的电流单位

还有 mA（毫安）、μA（微安）

$$1 \text{ mA} = 10^{-3} \text{ A}$$
$$1 \text{ μA} = 10^{-6} \text{ A}$$

【例】 如图所示电解池内，通电 2 s，有电量 3 C 的正、负电荷分别通过截面 AB，求电路中的电流。

分析：

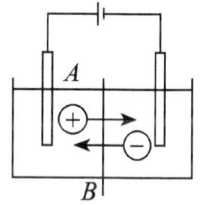

电流定义式中的 q 为通过导体横截面的电荷量。在电解液中，定向移动的有正、负离子，和金属导体中只有自由电子定向移动的情况不同。

因此 $I = q/t$ 中，q 应为通过导体截面的电荷量的总和。

$$I = \frac{(q+q)}{t} = \frac{(3+3)}{2} = 3 \text{ A}$$

应该注意的是，<u>电流有方向但电流强度不是矢量</u>。方向不随时间而改变的电流叫作直流电（direct current）；方向和强弱都不随时间而改变的电流叫作恒定电流（steady current）。通常所说的直流常指恒定电流。

2 欧姆定律　电阻

Ohm's Law and electrical resistance

上面提到电流的产生必须使导体两端有电势差，它们数值的大小之间是否也有关系呢？德国物理学家欧姆（Georg Simon Ohm, 1789～1854）通过实验研究得出结论：导体中的电流 I 跟导体两端的电势差 U 成正比，即 $I \propto U$。通常把这个关系写成：

$$\frac{U}{I} = R$$

式中 R 是电势差与电流的比值。实验表明，对同一个导体来说，不管电压和电流的大小如何变化，比值 R 都是恒定的。对不同的导体来说，R 的数值一般是不同的。这说明 R 是一个跟导体本身有关的量。R 越大，在同一电势差下，通过导体的电流就越小。可见，比值 R 反映出导体对电流的阻碍作用，叫作导体的电阻（electrical resistance）。

上面的公式可以写成：

$$I = \frac{U}{R}$$

这个公式表示：

导体中的电流 I 跟导体两端的电势差 U 成正比，跟导体的电阻 R 成反比。

The current I through an Ohmic conductor is directly proportional to the potential difference U across it, and inversely proportional to its resistance R.

这就是欧姆定律。在国际单位制中，电阻的单位是欧姆，简称欧，用符号 Ω 表示。1 Ω = 1 V/A。常用的电阻单位还有 kΩ（千欧）和 MΩ（兆欧）。

【例】 当电阻两端的电压变为原来的 1/2 时，流过电阻的电流减少 0.5 A，则当电阻两端电压增为原来的 2 倍时，流过电阻的电流多大？

分析：

通常，可认为电阻一定，根据欧姆定律，通过电阻的电流与其两端的电压成正比，可用比例法解得。

解：

设电阻为 R，原来两端的电压为 U，通过电阻的电流为 I。

$$I = \frac{U}{R} \qquad ①$$

当电阻两端电压变为 $U_1 = U/2$ 时，通过电阻的电流变为

$$I_1 = I - 0.5$$

根据欧姆定律 $I = U/R$ 得

$$I - 0.5 = \frac{\frac{1}{2}U}{R} \qquad ②$$

当电阻两端电压变为 $U_2 = 2U$ 时,设通过电阻的电流变为 I_2,同理得

$$I_2 = \frac{2U}{R} \qquad ③$$

通过①②③可以解得 $I_2 = 2I = 2A$。

3 电阻定律 电阻率
Law of electrical resistance and electrical resistivity

导体的电阻是由导体本身决定的。下面我们讨论影响导体电阻大小的因素。在如图 7-3 所示的电路中,保持 BC 间的电压不变。

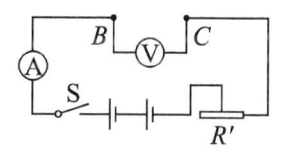

图 7-3 影响导体电阻大小的实验

① BC 间接入同种材料制成的粗细相同,但长度不相同的导线(wire)。

接入导线越长,电路中电流越小。通过计算表明:对同种材料制成的横截面积(cross-sectional area)相同的导线,电阻大小跟导线的长度成正比。

② BC 间接入同种材料制成的长度相同,但粗细不相同的导线。

接入导线越粗,电路中的电流越大。通过计算表明:对同种材料制成的长度相同的导线,电阻大小跟导线的横截面积成反比。

实验表明,用同一种材料制成的横截面积相等而长度不等的导体,电阻跟导体的长度成正比;长度相等而横截面积不等的导体,电阻跟导体的横截面积成反比。

导体的电阻 R 跟它的长度 l 成正比,跟它的横截面积 S 成反比。

The resistance R of a conductor of uniform cross-section is directly proportional to its length *l*, and inversely proportional to its cross-sectional area *S*.

这就是电阻定律，即

$$R = \frac{\rho l}{S}$$

式中的比例系数 ρ 跟导体的材料有关系，是一个反映材料导电性能的物理量，当我们换用不同材料的导线重做上述实验时会发现：不同材料的 ρ 值是不相同的，它叫作材料的电阻率。在国际单位制中，ρ 的单位是欧姆米，简称欧米，用符号 $\Omega \cdot m$ 表示。

【例】 把电阻是 $1\,\Omega$ 的一根金属丝，拉长为原来的 2 倍，问导体的电阻是多大？

分析：

金属丝拉长为原来的 2 倍，而金属丝的体积不变，横截面积变小，据

$$R = \frac{\rho l}{S} \text{ 和 } V = lS$$

可得

$$R = \frac{\rho l^2}{V}$$

则电阻大小为原来的 4 倍。

说明：

导线被拉长或对折时，除导线的长度变化外，导线的横截面积也随之变化。常用公式 $R = \rho l/S = \rho l^2/V$ 求解。

各种金属导体的电阻率相比较，纯金属的电阻率小，合金的电阻率较大。它们各有用途，电阻率较小的铜或铝被用来制作连接电路用的导线，电阻率较大的合金被用来制作电炉、电阻器的电阻丝。各种材料的电阻率都随温度变化而变化。金属的电阻率随温度升高而增大，人们可以根据金属的这种性质制作电阻温度计。目前人们对某些物质在低温下电阻变为零的现象很感兴趣，这就是超导现象。

4 电功　焦耳定律
Work done by the electric field force and Joule's Law

电流通过一段电路时，自由电荷在电场力作用下发生定向移动，电场力对自由电荷做功。设一段电路两端的电势差为 U，通过的电流为 I。在时间 t 内通过这段电路任一横截面的电荷量为 q，如图 7-4 所示，这相当于在时间 t 内将电荷 q 由这段电路的一端移动到另一端。电场力做功 $W = qU$，由于 $q = It$，所以

$$W = UIt$$

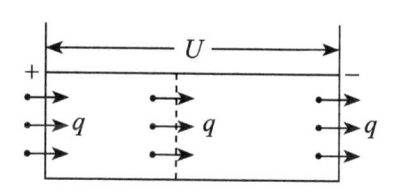

图 7-4　电场力对电荷做功

在一段电路上电场力所做的功（the work done by the electric field force in moving a charge q through the external circuit），就是通常所说的电流所做的功，简称电功。根据上式，电流在一段电路上所做的功 W，等于这段电路两端的电压 U、电路中的电流 I 和通电时间 t 三者的乘积。

单位时间内电流所做的功叫作电功率（electric power），用符号 P 表示。 即：

$$P = \frac{W}{t} = UI$$

上式表示，一段电路上的电功率 P，等于这段电路两端的电压 U 和电路中电流 I 的乘积。电功 W 和电功率 P 的单位分别是焦耳和瓦特，简称焦和瓦，用符号 J 和 W 表示。

电场力对电荷做功的过程，就是电能转化为其他形式能量的过程。在真空中，若电场力做正功，正电荷被加速，减少的电势能转化为电荷的动能。而在电阻元件中电能的转化情况和在真空中有所不同。在金属导体中，除了自由电

子还有金属正离子。在电场力的作用下做加速定向移动的自由电子频繁地与金属正离子碰撞，将定向移动的动能传给离子，使离子的热运动加剧。平均起来看，可以认为大量自由电子以某一速率做定向移动。在电阻元件中，通过自由电子与离子的碰撞，电能完全转化为内能。

如果在一段电路中只有电阻元件，如图 7-5a，电场力在这段电路中所做的功 W 等于电流通过这段电路时所发的热量 Q（In a purely resistive circuit, the work done by the electric field force is completely converted into heat）。即

$$Q = W = UIt$$

由欧姆定律 $U = IR$，热量 Q 的表达式可写成

$$Q = I^2Rt$$

这个关系最初是由物理学家焦耳由实验直接得到的，这就是焦耳定律。单位时间内发热的功率 $P = Q/t = I^2R$。

应当注意的是，电功率和热功率只有在纯电阻电路中才相等，因为此时电能完全转化为内能；若电炉中还有电动机、电解槽等电器时（如图 7-5b），电能要一部分转化为机械能、化学能等，此时电功率要大于热功率。

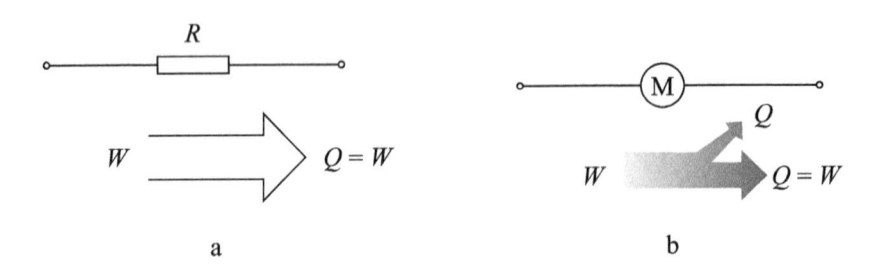

图 7-5 纯电阻电路和非纯电阻电路的热功率

本节小结

1. 电流的方向为正电荷的定向移动方向。
2. 电流的产生条件：导体内有大量的自由电荷；导体两端存在电势差。

3. 电流强度：通过导体横截面的电荷量 q 跟通过这些电荷所用的时间 t 的比值。

4. 欧姆定律：导体中的电流 I 跟导体两端的电势差 U 成正比，跟导体的电阻 R 成反比，即 $I=\dfrac{U}{R}$。

5. 电阻的单位是欧姆，简称欧，用符号 Ω 表示。

6. 在国际单位制中，电压 U 单位是 V（伏特）、电流 I 单位是 A（安培）、电阻 R 单位是 Ω（欧姆）。

7. 电阻定律：导体的电阻 R 跟它的长度 l 成正比，跟它的横截面积 S 成反比，即 $R=\dfrac{\rho l}{S}$。

8. 电功率：单位时间内电流所做的功，即 $P=UI$，纯电阻电路中，$P=UI=I^2R=\dfrac{U^2}{R}$。

第二节 串联电路 并联电路
Series and parallel circuits

1 串联电路
Series circuit

把几个电阻或电学元件一个接一个地连接起来，这种连接方式叫作 串联（series connection）。图 7-6 是由三个电阻组成的串联电路。在串联电路中，电流只能沿着一条通路流过各个电阻，所以串联电路中各处的电流相同（The current is the same through each resistor）。

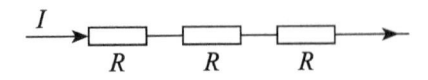

图 7-6 串联电路

电流通过串联电路的各个电阻时，沿电流方向每通过一个电阻，电势要降低一个数值，因此电阻两端的电压又叫电势降。串联电路两端的电压等于各电阻两端的电压之和。设串联电路有 n 个电阻，则：

$$U = U_1 + U_2 + \cdots + U_n$$

根据欧姆定律，每个电阻两端的电压 $U = IR_i$（$i = 1, 2 \cdots n$），

$$U = I(R_1 + R_2 + \cdots + R_n)$$

由此我们得出串联电路的总电阻 $R = U/I = R_1 + R_2 + \cdots + R_n$，即串联电路的总电阻等于各电阻之和（The total resistance of a series circuit is equal to the sum of the individual resistances）。

从 $U/R = I$ 和 $P = I^2R$，我们可以得出以下结论：

串联电路中电压分配与电阻成正比，串联电路中功率的分配与电阻成正比。

In a series circuit, the voltage and the electric power are divided among the resistors in direct proportion to the resistance.

串联电阻可以分担一部分电压，用来分压，称为分压电阻（voltage divider resistance）。

【例】 一盏弧光灯的额定（rated）电压是 40 V，正常工作时的电流是 5 A，如何把它接入电压恒为 220 V 的照明线路上才能正常工作？

分析：

由于电源电压大于弧光灯的额定电压，为了使它正常工作，可采用串联分压的办法。

解：

弧光灯的额定电压 $U_1 = 40$ V，设其电阻为 R_1，需串联的电阻为 R_2，电源电压 $U = 220$ V，电路如图所示。

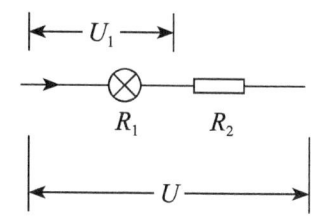

由串联电阻上分配到的电压 U_2，根据串联分压得

$$\frac{U_1}{U_2} = \frac{R_1}{R_2}, \quad 即 \quad \frac{U_1}{(U - U_1)} = \frac{R_1}{R_2}$$

所以

$$R_2 = \frac{(U - U_1)R_1}{U_1} = (220 - 40) \times 8 \div 40 = 36 \ \Omega$$

2 并联电路

Parallel circuit

把几个电阻或电学元件并列地连接起来，这种连接方式叫作并联（parallel connection）。图 7-7 是由三个电阻组成的并联电路。在并联电路中，每个电阻

两端的电压都等于两个公共接点之间的电势差，并联电路各支路两端的电压相同（Each branch resistor has the same voltage across it in a parallel circuit）。

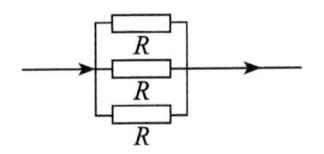

图 7-7 并联电路

实验表明，流入点的电流 I 等于从该点流出的电流 I_1、I_2、I_3 之和，即并联电路干路中的电流 I 等于各支路的电流之和（The current I through the main circuit equals the sum of the currents through the branches）。设并联电路有 n 个支路，则有：

$$I = I_1 + I_2 + \cdots + I_n$$

根据欧姆定律，我们可以得到：

$$I = U\left(\frac{1}{R_1} + \frac{1}{R_2} + \quad + \frac{1}{R}\right)$$

由此我们得到并联电路的总电阻 R 满足 $1/R = I/U = 1/R_1 + 1/R_2 + \cdots + 1/R_n$，即并联电路总电阻的倒数等于各电阻倒数之和。$1/R > 1/R_i$（$i = 1, 2\cdots n$），所以总电阻比支路中任一电阻都要小。

从 $IR = U$ 和 $P = U^2/R$，我们可以得出以下结论：

并联电路各支路中电流的分配与电阻成反比，并联电路中功率的分配与电阻成反比。

In a parallel circuit, the current and the electric power are divided among the branches in inverse proportion to the resistance.

并联电阻可以分担一部分电流，称为分流电阻（shunt resistance）。

【例】 如图所示电路，$R_1 = 2\ \Omega$，$R_2 = 3\ \Omega$，$R_3 = 4\ \Omega$。

（1）如已知流过电阻 R_1 的电流 $I_1 = 3\ \text{A}$，则干路电流多大？

（2）如果已知干路电流 $I = 3\ \text{A}$，流过每个电阻的电流

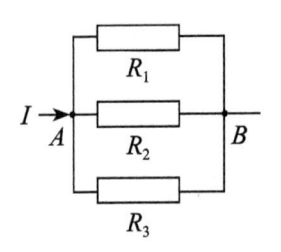

多大？

分析：

（1）由 I_1、R_1 可算出并联电路的电压，即可算出 I_2、I_3，总电流 $I = I_1 + I_2 + I_3$。

（2）先可算出并联总电阻 R，由 I 与 R 的反比关系可算出每个电阻的电流，但必须注意，不要根据并联电路上电流与电阻成反比，把这三个电阻中电流的关系错写成 $I_1 : I_2 : I_3 = R_3 : R_2 : R_1$。

解：

（1）并联电路的电压

$$U = I_1 R_1 = 3 \times 2 = 6 \text{ V},$$

流过电阻 R_2、R_3 的电流分别为

$$I_2 = \frac{U}{R_2} = 6 \div 3 = 2 \text{ A}$$

$$I_3 = \frac{U}{R_3} = 6 \div 4 = 1.5 \text{ A}$$

所以干路电流为

$$I = I_1 + I_2 + I_3 = 3 + 2 + 1.5 = 6.5 \text{ A}$$

（2）设并联电路总电阻为 R，则

$$\frac{1}{R} = \frac{1}{R_1} + \frac{1}{R_2} + \frac{1}{R_3} = \frac{1}{2} + \frac{1}{3} + \frac{1}{4} = \frac{13}{12} \text{ Ω}$$

得

$$R = \frac{12}{13} \text{ Ω}$$

通过各个电阻的电流分别为

$$I_1 = \frac{RI}{R_1} = 1.38 \text{ A}$$

$$I_2 = \frac{RI}{R_2} = 0.92 \text{ A}$$

$$I_3 = \frac{RI}{R_3} = 0.69 \text{ A}$$

本节小结

1. 串联：把几个电阻或电学元件一个接一个地连接起来。

2. 串联电路中电压分配与电阻成正比，串联电路中功率的分配与电阻成正比。

3. 并联：把几个电阻或电学元件并列地连接起来。

4. 并联电路各支路中电流的分配与电阻成反比，并联电路中功率的分配与电阻成反比。

第三节 闭合电路的欧姆定律 *
Ohm's Law for a closed circuit

1 闭合电路
Closed circuit

用导线把电源、开关和用电器（electric appliance）连接起来，就组成了闭合电路，如图 7-8 所示。

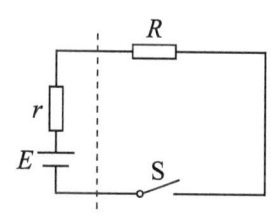

图 7-8 闭合电路

这一节我们来研究闭合电路中电压、电流、功率等问题。为此，先介绍一个表征电源特性的物理量——电动势（electromotive force）。

电源有两个极，正极的电势高，负极的电势低，两极间存在电压。不同的电源，两极间电压的大小不同。不接用电器时，干电池的电压约为 1.5 V，蓄电池的电压约为 2 V。不接用电器时，电源两极间电压的大小是由电源本身的性质决定的。为了表征电源的这种特性，物理学中引入电动势的概念。电源的电动势等于电源没有接入电路时两极间的电压（The electromotive force of a source equals in magnitude the voltage between its electrodes without any appliance）。电动势用符号 E 表示。电动势的单位与电压的单位相同，也是 V。

闭合电路由两部分组成。一部分是电源外部的电路，叫作外电路（external circuit），包括用电器和导线等。另一部分是电源内部的电路，叫作内电路（internal circuit），如发电机的线圈（coil）、电池内的溶液等。外电路的电阻通常称为外电阻（external resistance）。内电路也有电阻，通常称为电源的内电阻（internal resistance），简称内阻。

在外电路中，电流由电势高的一端流向电势低的一端，在外电阻上沿电流的方向有电势降 $U_{外}$，内电阻也有电势降 $U_{内}$。在电源内部，由负极到正极电势升高，升高的数值等于电源的电动势 E。理论分析表明，在闭合电路中，电源内部电势升高的数值等于电路中电势降的数值，即：

$$E = U_{外} + U_{内}$$

外电路两端的电压 $U_{外}$ 通常称为路端电压（terminal voltage）。若电源没有内电阻，则 $U_{内}$ 为 0，路端电压总等于电源的电动势，此时的电源成为理想电压源（ideal voltage source）。

2 闭合电路的欧姆定律
Ohm's Law for a closed circuit

设闭合电路中电流为 I，外电阻为 R，内电阻为 r，则路端电压 $U_{外} = IR$，$U_{内} = Ir$，我们得到：

$$E = IR + Ir$$

上式可以写成：

$$I = \frac{E}{R + r}$$

这说明，闭合电路中的电流跟电源的电动势成正比，跟内、外电路中的电阻之和成反比。这个结论通常叫作闭合电路的欧姆定律。

从闭合电路欧姆定律可以得出：

$$U_{外} = E - Ir$$

就某个电源来说，E 和 r 是一定的。当外电阻 R 增大时，电路中的 I 减小，从上式可以知道，路端电压增大。当外电阻 R 减小时，I 增大，路端电压减小。当外电路开路时，电阻为无限大，I 为 0，此时的 $U_{外} = E$。这就是说断路时的路端电压等于电源的电动势（The terminal voltage of an open circuit equals its electromotive force）。当外电阻 R 等于 0 时，由欧姆定律知 $I = E/r$，电流达

第七章 直流电路 Direct Current Circuit

到最大值，电源的内阻一般都较小，此时电流过大会烧毁电源。

路端电压 $U_{外}$ 与电流 I 的关系曲线如图 7-9 所示。它反映出化学电源的特性，是一条向下倾斜的直线。直线的倾斜程度与电源的内阻有关，内阻越大，倾斜得越厉害，内阻越小，直线越趋水平。当内阻趋于零时，直线趋于平行于横轴，这就是理想电压源。

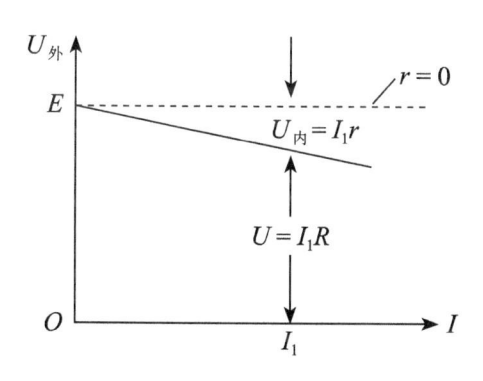

图 7-9 $U_{外}$-I 曲线图

在 $E = U + Ir = IR + Ir$ 的两端乘以电流 I，得到：

$$EI = UI + I^2r = I^2R + I^2r$$

上式中 UI 是电源向外电路输出的电功率（power consumed in the external circuit）；I^2R 是外电阻上消耗的热功率，由于是纯电阻电路，热功率与电功率相等；I^2r 是内阻上消耗的热功率；EI 是单位时间内电源提供的电能（energy gain per unit time）。电源提供的电能只有一部分消耗在外电路上，转化为其他形式的能，另一部分消耗在内电阻上，转化为内能。从能量观点看，电动势越大，表示电源把其他形式的能转化为电能的本领越大。

由电源输出功率 $P_{输出} = I^2R$ 和闭合电路电流 $I = E/(R+r)$ 可知

$$P_{输出} = \frac{E^2R}{(R+r)^2}$$

当 $R = r$ 时，$P_{输出}$ 取最大值 $E^2/4R$，即当外电路电阻等于内电路电阻时，电源在外电路上的输出功率最大。

练习题

1. 额定电压是 220 V、电阻是 440 Ω 的灯泡，在正常工作时，180 s 内通过灯丝横截面的电量为（　　）。

   A. 30 C　　　B. 90 C　　　C. 220 C　　　D. 360 C

2. 一台电动机，额定电压是 100 V，电阻是 1 Ω。正常工作时，通过的电流为 5 A，则电动机因发热损失的功率为（　　）。

   A. 500 W　　　B. 25 W　　　C. 2000 W　　　D. 475 W

3. 用阻值分别是 $R_1 = 10\ \Omega$、$R_2 = 20\ \Omega$、$R_3 = 80\ \Omega$ 的三个电阻，适当连接后可以得到 26 Ω 的阻值，正确的连接方法是（　　）。

   A. 将三只电阻串联

   B. 将三只电阻并联

   C. 先将 R_1 与 R_2 并联后再与 R_3 串联

   D. 先将 R_2 与 R_3 并联后再与 R_1 串联

4. 把标有"36 V　0.2 A"的 A 灯泡和标有"36 V　0.1 A"的 B 灯泡串联后接在电压为 36 V 的电路中，则（　　）。

   A. 通过 A 灯泡的电流大　　　B. 通过 B 灯泡的电流大

   C. A 灯泡两端的电压大　　　D. B 灯泡两端的电压大

5. 电阻 R_1、R_2、R_3 串联在电路中，已知 $R_1 = 10\ \Omega$、$R_3 = 5\ \Omega$，R_1 两端的电压为 6 V，R_2 两端的电压为 12 V，则（　　）。

   A. 电路中的电流为 1.8 A

   B. 电阻 R_2 的阻值为 20 Ω

   C. 三个电阻两端的总电压为 20 V

   D. 电阻 R_3 消耗的电功率为 9 W

6. 一个电灯上标有"100 V　2 A"，那么它在正常发光时的电阻是（　　）。

   A. 102 Ω　　　B. 50 Ω　　　C. 100 Ω　　　D. 2 Ω

7. 一个电阻 $R_1 = 10\ \Omega$ 的小电灯，它的工作电流为 $I = 0.5$ A，要将它接入 U

= 6 V 的电压中，需要串联电阻的阻值 R_2 为（　　）。

A. 4 Ω　　　　　　　　　　B. 8 Ω

C. 2 Ω　　　　　　　　　　D. 6 Ω

8. 某电路中，电阻大小为 10 Ω，该电阻上的电压值为 5 V，则流过该电阻的电流是（　　）。

A. 2 A　　　B. 0.5 A　　　C. 50 A　　　D. 5 A

9. 有两个电阻，阻值都是 R，现将这两个电阻串联接入电路，则串联后的总电阻为（　　）。

A. $2R$　　　B. R　　　C. $\dfrac{R}{2}$　　　D. R^2

10. 如图所示的理想电路中，电源电压恒定不变，当开关闭合时，有（　　）。

A. 电压表示数变小，电流表示数变小，灯泡变暗

B. 电压表示数变大，电流表示数变大，灯泡变亮

C. 电压表示数不变，电流表示数不变，灯泡的亮度不变

D. 电压表示数不变，电流表示数变小，灯泡变暗

11. 一个电阻的阻值 $R = 20$ Ω，当通过它的电流 $I = 0.1$ A 时，电阻两端的电压 U 是（　　）。

A. 4 V　　　B. 100 V　　　C. 12 V　　　D. 2 V

12. 有两个电阻 R_1 和 R_2，它们串联后的总电阻为 40 Ω，若将它们并联后，总电阻可能是（　　）。

A. 12 Ω　　　B. 20 Ω　　　C. 7 Ω　　　D. 16 Ω

13. 某电路中，某电阻上的电压值为 5 V，流过该电阻的电流为 5 mA，则该电阻的阻值大小（　　）。

A. 1 Ω　　　B. 25 Ω　　　C. 100 Ω　　　D. 1000 Ω

14. 把标有"12 V　5 W"的灯泡接在电压为 6 V 的电路中，则通过灯泡的电流为_____A。

15. 一个灯泡，两端的电压是 36 V，通过的电流是 3 A，那么灯泡的电阻是_____Ω。

8 磁场 Magnetic Field

像电现象一样，磁现象也与人类有着密切的联系。例如生活中离不开的电话、电视、发电机、电动机，现代科学研究中离不开的电流表（ammeter）、质谱仪、计算机、回旋加速器等，都跟磁现象有关。这是因为电现象和磁现象有着密不可分的联系。凡是用到电的地方，几乎都有磁相伴随。从本章开始我们将学习有关磁现象以及电磁联系方面的知识。这一章我们学习两方面的知识：一是定量地描述磁场；二是定量地确定磁场对电流和运动电荷的作用。

第一节 磁场 安培定律
Magnetic field and Ampère's Law

1 磁场
Magnetic field

把两个磁铁（magnet）的磁极靠近时，它们之间会产生相互作用的磁力（magnetic forces）：同名磁极互相排斥，异名磁极互相吸引（Like poles repel and unlike poles attract）。我们知道，两个电荷之间相互作用的电力，不是在电荷之间直接发生的，而是通过电场发生的。同样，磁极之间相互作用的磁力，也不是在磁极之间直接发生的，而是通过磁场发生的。磁铁在周围的空间里产生磁场，磁场对处在它里面的磁极有磁场力的作用。

磁铁并不是磁场的唯一来源。1820年丹麦物理学家奥斯特（Hans Christian Ørsted，1777～1851）做过下面的实验：把一条导线平行地放在磁针（magnetic needle）的下方。给导线通电，磁针就发生偏转（deflection），如图8-1。这说明不仅磁铁能产生磁场，电流也能产生磁场。

电流能够产生磁场，那么电流在磁场中又会怎样呢？图8-2的实验回答了这一问题，把一段直导线放在磁铁的磁场里。当导线中有电流通过时，可以看到导线因受力而发生运动。可见，磁场不仅对磁极产生磁场力的作用，对电流也产生力的作用。

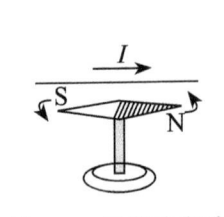

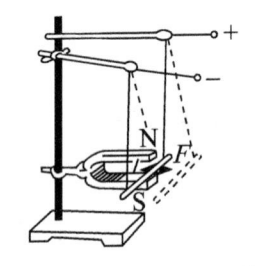

图 8-1 奥斯特实验　　图 8-2 磁场对电流的作用

电流能够产生磁场，而磁场对电流又有力的作用。那么电流和电流之间自然应该通过磁场发生作用。下面我们用实验验证这一设想，如图 8-3 所示。两条平行直导线，当通以相同方向的电流时，它们相互吸引；当通以相反方向的电流时，它们相互排斥（Forces are found to exist between two straight wires carrying currents, and they attract when the currents are parallel and repel when anti-parallel）。这时每个电流都处在另一个电流的磁场里，因而受到磁场力的作用。也就是说，电流和电流之间，就像磁极和磁极之间一样，也会通过磁场发生相互作用。

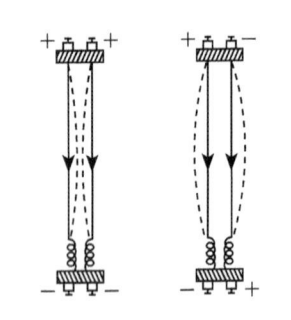

图 8-3 电场之间的作用

综上所述，我们认识到，**磁体或电流在其周围空间里会产生磁场，而磁场对处在它里面的磁极或电流有磁场力的作用**。这样，我们对磁极和磁极之间、磁极和电流之间、电流和电流之间的相互作用获得了统一认识，所有这些相互作用都是通过磁场来传递的。

2　磁感线　安培定律

Magnetic induction lines and Ampère's Law

把小磁针放在磁体附近或电流的磁场中，小磁针因受磁场力的作用，它的两极静止时不一定指向南北方向（north-south orientation），而指向另外某一个方向，如图 8-4。在磁场中的不同点，小磁针静止时指的方向一般并不相同。这个事实说明，磁场是有方向性的。**物理学规定，在磁场中的任一点，小磁针北极受力的方向，亦即小磁针静止时北极所指的方向，就是那一点的磁场方向**（The direction of the magnetic field is defined as the direction which the north pole of a small magnetic needle will indicate if placed in the field）。

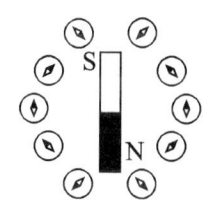

图 8-4　磁场的方向

在磁场中可以利用磁感线（magnetic induction lines）来形象地描写各点的磁场方向。所谓磁感线，是在磁场中画出的一些有方向的曲线，在这些曲线上，每一点的切线方向都在该点的磁场方向上。如图 8-5 所示。

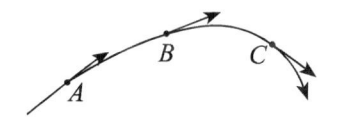

图 8-5　磁感线上的磁场方向

实验中常用铁屑（iron filings）在磁场中被磁化的性质，来显示磁感线的形状。在磁场中放一块玻璃板，在玻璃板上均匀地撒一层细铁屑，细铁屑在磁场里被磁化成"小磁针"。轻敲玻璃板使铁屑能在磁场作用下转动，铁屑静止时有规则地排列起来，就显示出磁感线的形状。

图 8-6 表示条形磁铁（bar magnet）和蹄形磁铁（horse-shoe magnet）的磁感线分布情况。磁铁外部的磁感线是从磁铁的北极出来，进入磁铁的南极（The lines outside the magnet emerge from the north pole, and enter the south pole）。

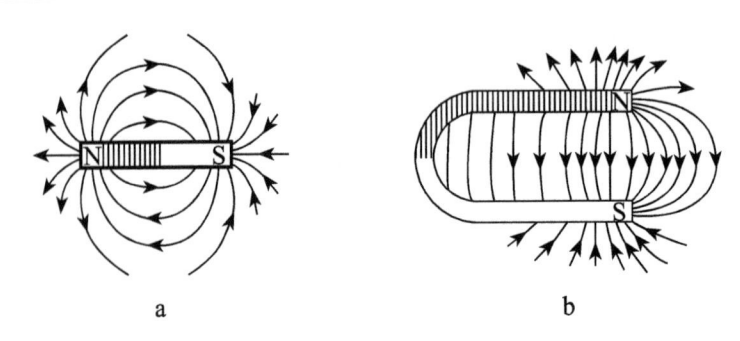

图 8-6　常见磁铁的磁感线分布

图 8-7 表示直线电流（linear current）磁场的磁感线分布情况。直线电流磁场的磁感线是一些以导线上各点为圆心的同心圆。这些同心圆都在跟导线垂直的平面上（The lines of induction are concentric circles lying in planes perpendicular to the wire, each centering on the intersection of the wire with the plane）。实验表明，改变电流的方向，各点的磁场方向都变成相反的方向，即磁感线的方向随着改变。直线电流的方向跟它的磁感线方向之间的关系（如图 8-8）可以用安培定律（Ampère's Law or the right-hand screw rule）来判定：

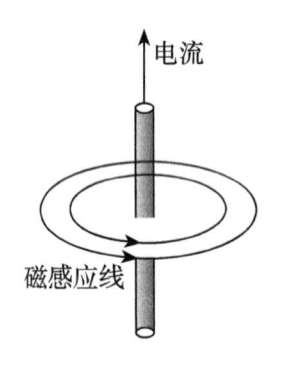

图 8-7　直线电流的磁场分布　　　图 8-8　安培定律（长直导线）

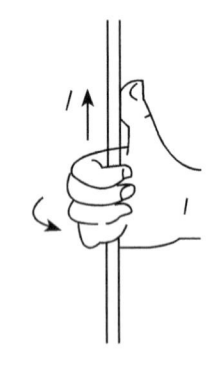

用右手握住导线，让伸直的大拇指所指的方向跟电流的方向一致，弯曲的四指所指的方向就是磁感线的环绕方向。

Grasp the wire in your right hand with your extended thumb pointing in the direction of the current, your fingers will then naturally curl around in the direction of the magnetic induction lines.

图 8-9 表示环形电流（circular current）磁场的磁感线分布情况，环形电流磁场的磁感线是一些围绕环形导线的闭合曲线。在环形导线的中心轴线上，磁

感线和环形导线的平面垂直。环形电流的方向跟中心轴线上的磁感线方向之间的关系（如图 8-10），也可以用安培定律来判定：

图 8-9　环形电流磁场的磁感线分布　　图 8-10　安培定律（环形电流）

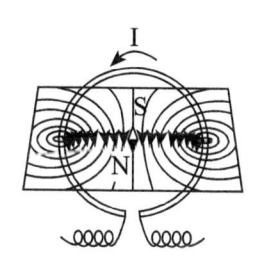

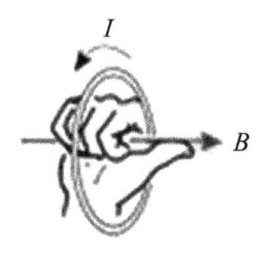

让右手弯曲的四指和环形电流的方向一致，伸直的大拇指所指的方向就是环形导线中心轴线上磁感线的方向。

If you curl the fingers of your right hand in the direction of the current in the loop, the thumb will point in the direction of the field at the center of the loop.

图 8-11 表示通电螺线管（solenoid）磁场的磁感线分布情况。螺线管通电以后表现出来的磁性，很像是一根条形磁铁，一端相当于北极，另一端相当于南极。改变电流的方向，它的南北极就对调。通电螺线管外部的磁感线和条形磁铁外部的磁感线相似，也是从北极出来，进入南极。通电螺线管内部具有磁场，内部的磁感线跟螺线管的轴线平行，方向由南极指向北极，并和外部的磁感线连接，形成一些环绕电流的闭合曲线。

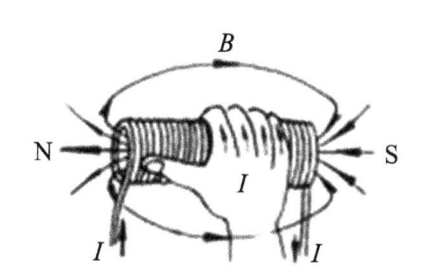

图 8-11　通电螺线管磁场的磁感线分布

通电螺线管的电流方向跟它的磁感线方向之间的关系，也可用安培定律来判定：

用右手握住螺线管，让弯曲的四指所指的方向跟电流的方向一致，大拇指

所指的方向就是螺线管内部磁感线的方向，也就是说，大拇指指向通电螺线管的北极。

If you curl the fingers of your right hand in the direction of the current in the loop of a solenoid, the thumb will point in the direction of the field inside the solenoid. That means the thumb will point in the direction of the north pole of the solenoid.

应该注意，电场线和磁感线有着重大的区别。电场线有起点和终点，而磁感线是闭合的，没有起点，也没有终点。

与天然磁铁相比，电流磁场的强弱和有无容易调节和控制，因而在实际中有很多重要的应用。电磁起重机、电话、电动机、发电机，以及在自动控制中得到普遍应用的电磁继电器等，都离不开电流的磁场。

地球本身也会在附近的空间产生磁场，叫作地磁场（the earth's magnetic field）。地磁场的分布大致上就像一个条形磁铁外面的磁场。在地球两极附近，地磁场的磁感应强度约为 5×10^{-5} T。而实验室中的永久磁铁，两极附近的磁感应强度（magnetic induction）约为 0.5 T，所以地磁场是非常弱的。有种学说认为地磁场主要是由于地球内部电磁流体的运动而产生的。

地磁场的南极是地理北极，地磁场的北极是地理南极。

本节小结

1. 同名磁极互相排斥，异名磁极互相吸引。

2. 磁铁或电流在其周围会产生磁场，而磁场对处在它里面的磁极或电流有磁场力的作用。

3. 磁场是矢量，有大小有方向，磁场方向就是磁感线的切线方向。

4. 电场线有起点和终点，而磁感线是闭合的，没有起点，也没有终点。

5. 判断电流与磁场的关系可以用安培定律。

第二节 磁感应强度 左手定则

Magnetic induction and the left-hand rule

1 磁感应强度
Magnetic induction

磁场不仅有方向性，而且有强弱的不同。巨大的电磁铁（electromagnet）能够吸起成吨的钢铁，小的磁铁只能吸起小铁钉。我们怎样来表示磁场的强弱呢？

电场对其中的电荷有电场力的作用，研究电场强弱的时候，我们从分析电荷在电场中的受力情况着手，找到了表示电场强弱的物理量——电场强度。类似地，磁场对其中的电流有磁场力的作用，研究磁场的强弱，我们要从分析电流在磁场中的受力情况着手，找出表示磁场强弱的物理量。

磁场对电流的作用力通常称为安培力（Ampère's force）。这是为了纪念法国物理学家安培（André-Marie Ampère，1775～1836），他在研究磁场对电流的作用力方面有杰出的贡献。这一节讨论安培力的大小和方向，并寻求找到表示磁场强弱的物理量。有了表示磁场强弱的物理量，我们就可以表达出有关安培力大小的规律。

实验表明：把一段通电直导线放在磁场里，当导线方向与磁场方向垂直时，电流所受的安培力最大；当导线方向与磁场方向一致时，电流所受的安培力最小，等于零；当导线方向与磁场方向斜交（oblique crossing）时，所受安培力介于最大值和最小值之间。为简便起见，我们研究导线方向与磁场方向垂直时，安培力的大小跟什么有关。

如图 8-12，三块相同的蹄形磁铁并列放置，可以认为磁极间的磁场是均匀的。将一根直导线悬挂在磁铁的两极间。有电流通过时导线将摆动一个角度，通过这个角度我们可以比较安培力的大小。分别接通 2、3 和 1、4 可以改变导线通电

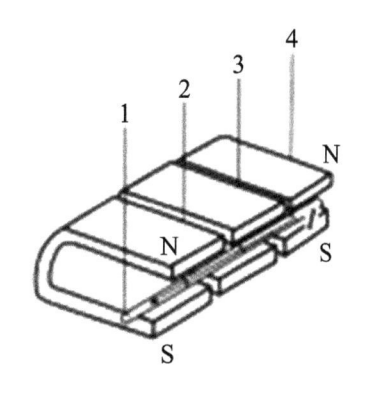

图 8-12 比较安培力大小的实验

部分的长度，电流大小由外部电路控制。先保持导线通电部分的长度不变，改变电流的大小；然后保持电流不变，改变导线通电部分的长度。观察这两个因素对磁场力的影响。

实验发现，通电导线长度一定时，电流越大，导线所受安培力就越大；电流一定时，通电导线越长，安培力也越大。精确的实验表明，**通电导线在磁场中受到的安培力的大小，既与导线的长度 L 成正比，又与导线中的电流 I 成正比，即与 I 和 L 的乘积 IL 成正比**。用公式表示为：

$$F = BIL$$

或者：

$$B = \frac{F}{IL}$$

上式中的 B 有什么物理意义呢？在不同的蹄形磁铁的磁场中做上述实验，将会发现：在同一磁场中，不管电流 I、导线长度 L 怎样改变，比值 B 总是确定的。但是在不同的磁场中，比值 B 一般是不同的。可见，B 是由磁场本身决定的。在电流 I、导线长度 L 相同的情况下，电流所受的安培力 F 越大，比值 B 越大，表示磁场越强。因而我们可以用比值 B 表示磁场的强弱，叫作磁感应强度。

在磁场中垂直于磁场方向的通电导线，所受的安培力 F 跟电流 I 和导线长度 L 的乘积 IL 的比值叫作磁感应强度。

The magnitude of the magnetic induction B is defined as the ratio of the force F which exerts on a current segment perpendicular to the field to the product of the current I and the length L of that segment.

如果通电导线与磁感应强度的夹角为 θ 时，如图 8-13a 所示磁场力的大小是多少？怎样计算？当 $L \perp B$ 时，通电导线受磁场力最大，$F = BIL$；而当 $L \parallel B$ 时，$F = 0$，因此可以将 B 分解成垂直 L 的 $B_\perp$ 和平行 L 的 $B_\parallel$，因平行 L 的 $B_\parallel$ 对导线作用力为零，所以实际上磁场 B 对导线 L 的作用力就是它的垂直分量 $B_\perp$ 对导线的作用力，如图 8-13b 所示。即：

$$F = ILB_\perp = ILB\sin\theta$$

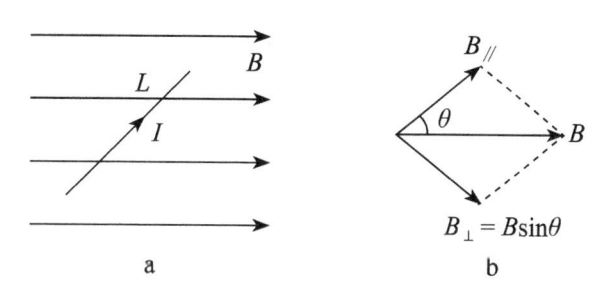

图 8-13 L、B 夹角为 θ 时的情况

在上述实验中导线所在处蹄形磁铁两极间的磁场强弱是处处相等的。但是，像电场一样，磁场中不同位置处的磁场强弱一般是不同的。两个条形磁铁的磁极离得较远时，磁力很小。让它们逐渐移近，你会感到磁力在增大。这说明，离磁极远近不同位置处，磁场的强弱是不同的。在这种磁场中，我们仍然用上述方法研究磁场。只是此时要用一段特别短的通电导线来研究磁场的强弱，当通电导线的长度很短时，用上述方法定义出的磁感应强度就是导线所在处的磁感应强度。

磁感应强度 B 的单位是由 F、I 和 L 的单位决定的，在国际单位制中，磁感应强度的单位是特斯拉（tesla），简称特，用符号 T 表示，$1\text{ T} = 1\text{ N/A}\cdot\text{m}$。

地面附近地磁场的磁感应强度大约是 $3\times 10^{-5} \sim 7\times 10^{-5}$ T，永磁铁的磁极附近的磁感应强度大约是 $10^{-3} \sim 1$ T，发电机和变压器的铁芯中，磁感应强度可达 $0.8 \sim 1.1$ T。

2 匀强磁场

Uniform magnetic field

上面我们定义了磁感应强度的大小，但磁场还具有方向性，我们把磁场中某点的磁场方向定义为该点磁感应强度的方向（We define the direction of the magnetic field as the direction of B）。这样磁感应强度这一矢量就可以全面地反映出磁场的强弱和方向了。

正像在电场中可以用电场线的疏密程度大致表示电场强度的大小一样，在磁场中也可以用磁感线的疏密程度（density of lines of induction）大致表示出磁感应强度的大小。在同一个磁场的磁感线分布图上，**磁感线越密的地方，表示**

那里的**磁感应强度越大**。这样，从磁感线的分布就可以形象地表示出磁场的强弱和方向。从图 8-6、图 8-7、图 8-9 可以看出，离磁体或电流越远的地方，磁感应强度就越小。

如果磁场的某一区域里，**磁感应强度的大小和方向处处相同**，这个区域的磁场叫作匀强磁场（uniform magnetic field）。匀强磁场是最简单但又很重要的磁场，在电磁仪器和科学实践中有重要的应用。距离很近的两个异名磁极之间的磁场（如图 8-14），通电螺线管内部的磁场（除边缘部分外）都可认为是匀强磁场。前面所做的实验，就是在匀强磁场中进行的。

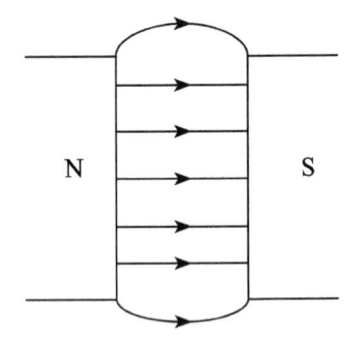

图 8-14 匀强磁场

引入了磁感应强度的概念，由公式 $F = BIL$ 知道，在匀强磁场中，在通电直导线与磁场方向垂直的情况下，电流所受的安培力 F 等于磁感应强度 B、电流 I 和导线长度 L 三者的乘积。在非匀强磁场中，公式 $F = BIL$ 适用于很短的一段通电导线。这是因为导线很短时，它所在处各点的磁感应强度的变化很小，可以近似认为磁场是匀强磁场。

在图 8-12 所示的实验中，调换磁铁两极的位置来改变磁场方向，或者不改变磁场方向而改变电流方向，导线就向着相反的方向运动。可见安培力的方向跟磁场方向、电流方向有关。实验表明，安培力的方向既跟磁场方向垂直，又跟电流方向垂直，也就是说，安培力的方向总是垂直于磁感线和通电导线所在的平面。

通电直导线所受安培力的方向和磁场方向、电流方向之间的关系，可以用左手定则（left-hand rule）来判定，如图 8-15 所示：

伸出左手，使大拇指跟其余四个手指垂直，并且都跟手掌在一个平面内，把手放入磁场中，让磁感线垂直穿入手心，并使伸长的四指指向电流的方向，那么，大拇指所指的方向就是通电导线在磁场中所受安培力的方向。

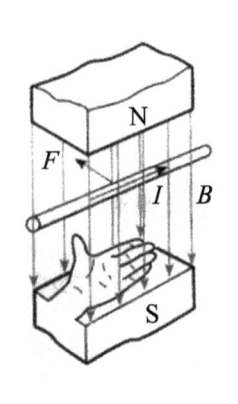

Let the lines of induction enter your left hand palm, and let

图 8-15 左手定则

the hand be so placed that the four fingers indicate the direction of the current, then the thumb will indicate the direction of the Ampère's force.

本节小结

1. 磁感应强度：在磁场中垂直于磁场方向的通电导线，所受的安培力 F 跟电流 I 和导线长度 L 的乘积 IL 的比值。用符号 B 表示，单位为 T（特斯拉）。

2. 磁感线越密的地方，磁感应强度越大。

3. 安培力公式：$F = BIL$ 或 $B = \dfrac{F}{IL}$。

4. 安培力的方向可以用左手定则判定：伸出左手，使大拇指跟其余四个手指垂直，并且都跟手掌在一个平面内，把手放入磁场中，让磁感线垂直穿入手心，并使伸长的四指指向电流的方向，那么，大拇指所指的方向就是通电导线在磁场中所受安培力的方向。

第三节 带电粒子在磁场中的运动 *

Motion of charged particles in a magnetic field

1 磁场对运动电荷的作用

The effect of a magnetic field on moving charges

磁场对电流有力的作用，电流是由电荷的定向移动形成的。由此自然会想到：这个力可能是作用在运动电荷上的，而作用在通电导线上的安培力是作用在运动电荷上的力的宏观表现。

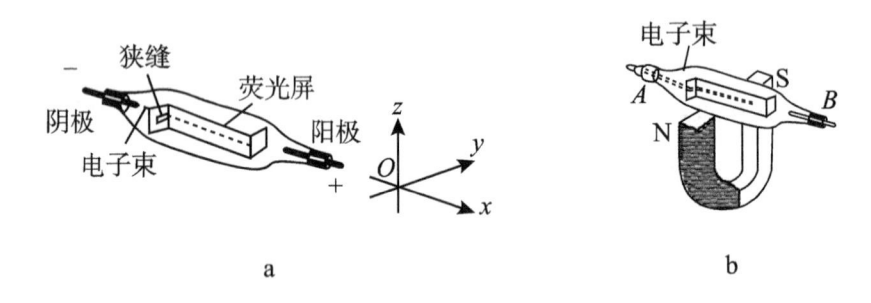

图 8-16 电子束运动的径迹

为了检验这种设想，我们来做一个实验。图 8-16a 是一个抽成真空的电子射线管（electron-ray tube）。从阴极发射出来的电子束，在阴极和阳极间的高电压作用下，轰击到长条形的荧光屏上，激发出荧光，可以显示出电子束运动的径迹。实验表明，在没有外磁场时，电子束是沿直线前进的，如果把射线管放在蹄形磁铁的两极之间，荧光屏上显示的电子束运动的径迹发生了弯曲，如图 8-16b。这表明，运动电子束确实受到了磁场的作用力。荷兰物理学家洛伦兹（Hendrik Antoon Lorentz, 1853～1928）首先提出了运动电荷产生磁场和磁场对运动电荷有作用力的观点。为纪念他，人们称这种力为洛伦兹力（Lorentz force）。

洛伦兹力的方向也可用左手定则来判定：

伸开左手，使大拇指跟其余四个手指垂直，且处于同一个平面内，把手放入磁场中，让磁感线垂直穿入手心，四指指向正电荷运动的方向，那么，拇指所指的方向就是电荷所受洛伦兹力的方向。

Let the lines of induction enter your left hand palm, and let the hand be so placed that the four fingers indicate the direction of the motion of the positive charges, then the thumb will indicate the direction of the Lorentz force.

运动的负电荷在磁场中所受的洛伦兹力，方向跟正电荷受的力相反。

现在来确定洛伦兹力的大小。有一段长度为 L 的通电导线，横截面积为 S，单位体积中含有的自由电荷数为 n，每个自由电荷的电荷量为 q，定向移动的平均速率为 v。那么导线中的电流为 $I = nqvS$。这段导线在垂直于磁场方向放入磁感应强度为 B 的磁场中所受的安培力 $F = ILB\sin\theta$，将 $I = nqvS$ 代入上式，得 $F = nqvSLB\sin\theta$。安培力 F 可以看作是作用在每个运动电荷的洛伦兹力 f 的合力，这段导线中含有的运动电荷数为 nLS，所以 $f = F/nLS$，由此我们得到：

$$f = qvB\sin\theta$$

θ 为 v 和 B 的夹角。上式中各量的单位分别是 N、C、m/s、T。

当 θ 为 90° 时，即电荷的运动方向与磁场的方向垂直时，$f = qvB$，这就是说，当电荷在垂直于磁场的方向上运动时，磁场对运动电荷的洛伦兹力 f，等于电荷量 q、速率 v、磁感应强度 B 三者的乘积。当 $\theta = 0$ 时，电荷运动方向跟磁场方向一致，$f = 0$，此时电荷不受洛伦兹力的作用。

2 带电粒子在磁场中的运动

Motion of charged particles in a magnetic field

如图 8-17 所示，当带电粒子 q 以速度 v 分别垂直进入匀强磁场中，它们将做什么运动？

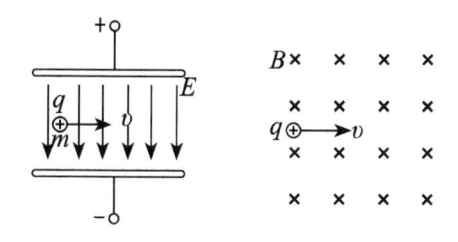

图 8-17 带电粒子在磁场中的运动

带电粒子垂直进入匀强磁场，其初速度 v 与磁场垂直，根据左手定则，其受洛伦兹力的方向也跟磁场方向垂直，并与初速度方向都在同一垂直磁场的平面内，所以粒子只能在该平面内运动。

洛伦兹力总是跟带电粒子的运动方向垂直，它只改变粒子运动的方向，不改变粒子速度的大小，所以粒子在磁场中运动的速率是恒定的，这时洛伦兹力的大小 $f=qvB$ 也是恒定的。

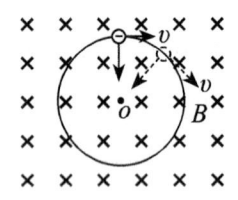

图 8-18　洛伦兹力使运动的带电粒子做匀速圆周运动

洛伦兹力对运动粒子不做功，洛伦兹力对运动粒子起着向心力的作用，因此粒子的运动一定是匀速圆周运动（如图 8-18）。因此：

$$F_{向}=f_{洛}=qvB$$

而做匀速圆周运动的物体所受的向心力 $F_{向}$ 与物体质量 m、速度 v 和半径 r 的关系为：

$$F_{向}=\frac{mv^2}{r}$$

所以：

$$r=\frac{mv}{Bq}$$

圆周运动的周期与周长和速率的关系：

$$T=\frac{2\pi r}{v}$$

得出：

$$T=\frac{2\pi m}{Bq}$$

练习题

1. 关于磁感线的下列说法中，正确的是（ ）。
   A. 磁感线是磁场中客观存在的有方向的曲线
   B. 磁感线起始于永磁体 N 极而终止于 S 极
   C. 磁感线上箭头所指的方向就是磁场的方向
   D. 磁感线上某点的切线方向表示该点磁感应强度的方向

2. 在图中，标出了磁场的方向、通电直导线中电流 I 的方向，以及通电直导线所受安培力 F 的方向。其中正确的是（ ）。

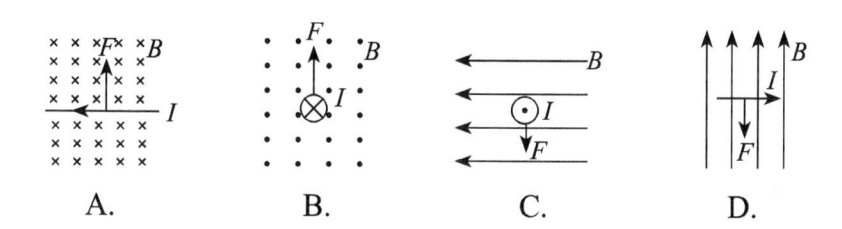

   A.　　　B.　　　C.　　　D.

3. 一根容易形变的弹性导线，两端固定，导线中通有电流（方向沿纸面向上）。当没有磁场时，导线为直线；当导线分别处在以下各种匀强磁场时，导线弯曲变化正确的是（ ）。

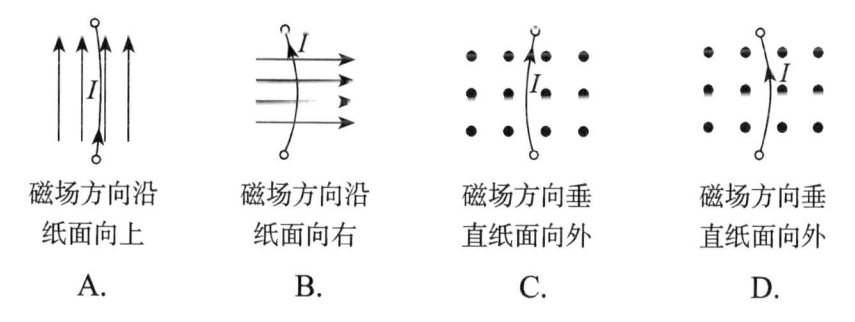

   A. 磁场方向沿纸面向上
   B. 磁场方向沿纸面向右
   C. 磁场方向垂直纸面向外
   D. 磁场方向垂直纸面向外

4. 磁感应强度 B 的单位是（ ）
   A. 安培（A）　　　B. 帕斯卡（Pa）
   C. 特斯拉（T）　　D. 赫兹（Hz）

5. 匀强磁场中一根导线，长 0.2 m，磁感应强度为 0.1 T，当该导线通过 3 A 的电流时，受到的最大磁场力大小是_____N。

6. 如图所示，竖直向上的匀强磁场的磁感应强度 $B = 0.4$ T，一段长 $L = 1$ m 的通电直导线放在该磁场中，导线与水平方向的夹角为 $\theta = 30°$，导线中电流 $I = 0.5$ A，则此导线所受安培力大小为_____N。

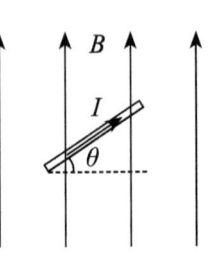

7. 在磁感应强度 $B = 0.2$ T 的匀强磁场中，有一根长 $L = 2$ m，通有电流 $I = 0.5$ A 的直导线，如图所示，则直导线受到的安培力的大小是_____N，方向是_____。

8. 一根导线长 0.3 m，通以恒定的电流，放在磁感应强度为 0.5 T 的匀强磁场中，该导线受到的安培力最大值是 0.6 N，则通过导线的电流大小是_____A。

9. 一根导线长 0.2 m，通以 3 A 的电流，在磁场中某处受到的最大的磁场力是 6×10^{-2} N，则该处的磁感应强度 B 的大小是多少？如果该导线的长度和电流都减小一半，则该处的 B 的大小是多少？

9 电磁感应
Electromagnetic Induction

1820 年，丹麦物理学家奥斯特发现了电流能够产生磁场——电流的磁效应，揭示了电和磁之间存在着联系，受到这一发现的启发，人们开始考虑这样一个问题：既然电流能够产生磁场，反过来，利用磁场是不是能够产生电流呢？不少科学家进行了这方面的探索，英国科学家法拉第，坚信电与磁有密切的联系，经过 10 年坚持不懈的努力，1831 年终于取得了重大的突破，发现了利用磁场产生电流的条件，开辟了电气化时代。

第一节 电磁感应定律
Law of electromagnetic induction

1 磁通量
Magnetic flux

我们知道，磁场的强弱（即磁感应强度）可以用磁感线的疏密来表示。如果把一个面积为 S 的面垂直于一个磁感应强度为 B 的匀强磁场放置，则穿过这个面的磁感线的条数就是确定的。我们把 B 与 S 的乘积叫作穿过这个面的磁通量。定义：

面积为 S，垂直匀强磁场 B 放置，则 B 与 S 的乘积，叫作穿过这个面的磁通量。

The magnetic flux through a surface is defined as the product of the magnetic field B and the perpendicular area S it penetrates.

磁通量用 Φ 表示，公式为：

$$\Phi = BS$$

在国际单位制中,磁通量的单位为韦伯(weber),简称韦,用符号 Wb 表示,1 Wb = 1 T · m²。

磁通量的计算很简单,只要知道匀强磁场的磁感应强度 B 和所讨论面的面积 S,在面与磁场方向垂直的条件下 $\Phi = BS$,不垂直时可将面积做垂直磁场方向上的投影(projection),若平面 S 不跟磁场方向垂直,则应把 S 平面投影到垂直磁场方向的面上,若这两个面间夹角为 θ,则:

$$\Phi = BS_\perp = BS\cos\theta$$

当平面 S 与磁场方向平行时,$\theta = 90°$,$\Phi = 0$。

磁通量表示穿过所讨论面的磁感线条数的多少。在今后的应用中往往根据穿过面的净磁感线条数的多少来定性判断穿过该面的磁通量的大小。

我们还可以从磁通量的定义来重新认识一下 B 这个物理量,$B = \Phi/S$,穿过单位面积的磁通量叫作磁通密度(The flux per unit area is called flux density),它与磁感应强度是同一个物理量,后者是从安培力的角度定义的。

2 电磁感应现象
Electromagnetic induction phenomena

在什么条件下才能产生电磁感应现象呢?法拉第通过一系列的实验揭示了这一问题。

实验一:把导体 AB 和电流表串联起来组成闭合电路,导体在磁场中运动。

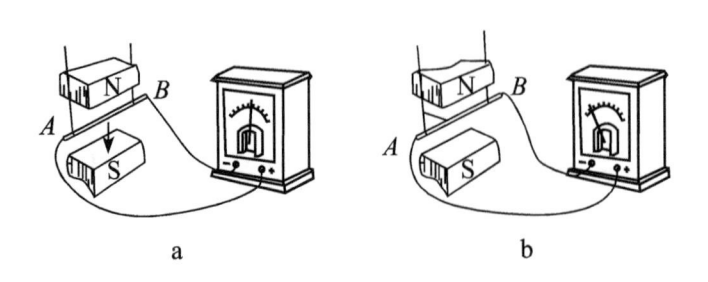

a   b

图 9-1 电磁感应实验一

当导体 AB 上下运动时,电流表的指针不发生偏转,如图 9-1a 所示,说明电路中没有电流产生；当导体左右运动时，电流表指针偏转，说明电路中有电流产生，如图 9-1b 所示。

如图 9-2 所示，导体 AB 是闭合电路的一部分，当闭合电路的一部分导体在磁场里做切割磁感线（cutting across the lines of induction）运动时，电路中就有了电流。

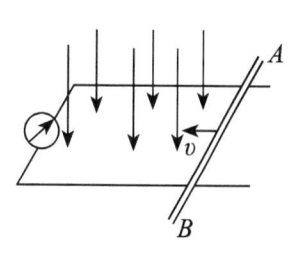

图 9-2

实验二：把螺线管与电流表串联组成闭合电路，把磁铁插入（insert）螺线管或者从螺线管里拿出来，如图 9-3a 所示。

可以看到，磁铁相对于螺线管运动的时候，电流表的指针发生偏转，表明螺线管电路中有了电流。

如果保持磁铁在螺线管中不动，或者磁铁与螺线管以相同的速度运动，保持它们相对静止，螺线管中就没有电流。

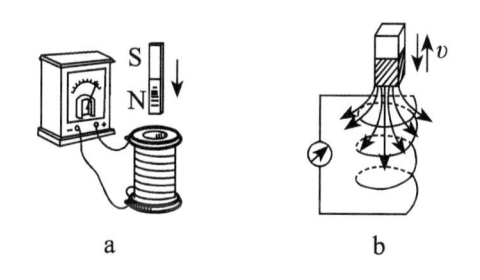

图 9-3　电磁感应实验二

闭合电路的一部分导体切割磁感线时，穿过闭合电路的磁通量发生变化，如图 9-3 所示。由此我们得到提示：如果导体和磁体不发生相对运动，而让穿过闭合电路的磁场发生变化，会不会在电路中产生电流呢？

实验三：把螺线管 B 套在螺线管 A 的外面，A 和电源、滑动变阻器（slide rheostat）、开关串联，B 和电流表串联组成闭合电路。如图 9-4a 所示。

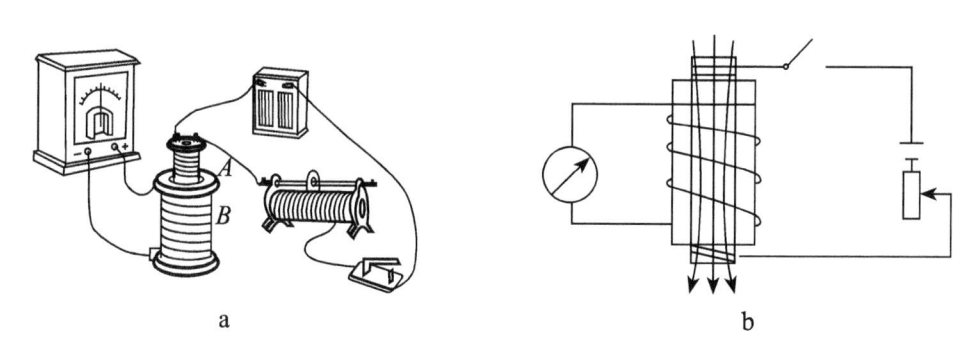

图 9-4　电磁感应实验三

合上开关给螺线管 A 通电时，电流表的指针发生偏转，螺线管 B 中有了电流。当螺线管 A 中的电流达到稳定时，螺线管 B 中的电流消失。断开开关使螺线管 A 断电时，螺线管 B 中也有电流产生。如果用变阻器来改变电路中的电阻，使螺线管 A 中的电流发生变化，螺线管 B 中也有电流产生。实验结果如图 9-4b 所示。

因为电流所激发的磁场的磁感应强度 B 总是正比于电流强度 I，即 $B \propto I$，电路的闭合或断开控制了电流从无到有或从有到无的变化；变阻器是通过改变电阻来改变电流的大小的，电流的变化必将引起闭合电路磁场的变化，即穿过闭合电路的磁感线条数的变化——磁通量发生变化，闭合电路中产生电流。

从以上三个实验可以看出，不论是导体做切割磁感线的运动，还是磁场发生变化，实质上都是引起穿过闭合电路的磁通量发生变化。只要穿过闭合电路的磁通量发生变化，闭合电路中就有电流产生（Any change in the magnetic flux through a closed circuit causes an induced current in it）。这种利用磁场产生电流的现象叫电磁感应，产生的电流叫感应电流（induced current）。

产生感应电流的条件：

（1）电路必须闭合。

（2）磁通量发生变化，而磁通量发生变化的因素由 $\Phi = BS\cos\theta$ 可知：当①磁感应强度 B 发生变化；②线圈的面积 S 发生变化；③磁感应强度 B 与面积 S 之间的夹角 θ 发生变化，这三种情况都可以引起磁通量发生变化。

【例】 如图所示，P 为一个闭合的金属弹簧圆圈，在它的中间插有一根条形磁铁，现用力从四周拉弹簧圆圈，使圆圈的面积增大，问穿过弹簧圆圈面的磁通量怎样变化？环内是否有感应电流？

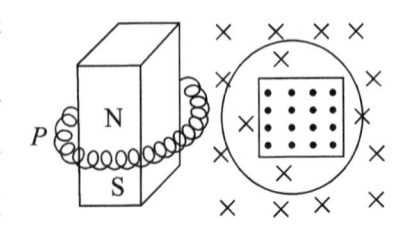

分析：

本题中条形磁铁磁感线的分布如图所示（从上向下看）。磁通量是穿过一个面的磁感线的多少，由于进去和出来的磁感线要抵消一部分，当弹簧圆圈的面积扩大时，进去的磁感条数增加，而出来的磁感线条数是一定的，故穿过这个面的磁通量减小，回路中将产生感应电流。

3 法拉第电磁感应定律——感应电动势的大小

Faraday's law of electromagnetic induction—the magnitude of induced electromotive force (EMF)

在电磁感应现象中，既然闭合电路中有感应电流，这个电路中就一定有电动势。电路断开时，虽然没有感应电流，电动势依然存在。在电磁感应现象中产生的电动势叫作感应电动势。产生感应电动势的那部分导体就相当于电源。实验一中的导体 AB、实验二中的螺线管、实验三中的螺线管 B、都相当于电源。感应电流的强弱由感应电动势的大小和闭合电路的电阻决定，可以由闭合电路的欧姆定律算出。

感应电动势的大小跟哪些因素有关呢？在实验一中，导体 AB 切割磁感线的速度越大，穿过闭合电路所围面积的磁通量的变化就越快，感应电流和感应电动势就越大；在实验二中，磁铁运动得越快，穿过螺线管的磁通量的变化就越快，感应电流和感应电动势就越大；在实验三中，通电和断电时，比起逐渐改变电阻器的电阻时，A 中电流变化得快，因而穿过 B 的磁通量变化得也快，B 中的感应电流和感应电动势就大。

实验表明：感应电动势的大小与磁通量变化的快慢有关。磁通量变化的快慢可以用单位时间内磁通量的变化来表示。单位时间内磁通量的变化量，通常叫作磁通量的变化率，这就是说，感应电动势的大小跟磁通量的变化率有关。精确的实验表明：

电路中感应电动势的大小，跟穿过该电路的磁通量的变化率成正比。

The induced electromotive force (EMF) is directly proportional to the rate of change of the magnetic flux piecing in the area enveloped by the circuit.

这就是法拉第电磁感应定律（Faraday's Law of Induction）。

磁通量变化包括：磁感应强度 B 变化、面积 S 变化、S 与 B 的夹角变化。设时刻 t_1 和时刻 t_2 间的磁通量的变化量 $\Delta \Phi = \Phi_2 - \Phi_1$，磁通量的变化率 $\Delta \Phi / \Delta t$。则感应电动势为：

$$E = \frac{k \Delta \Phi}{\Delta t}$$

式中 k 为常数，在国际单位制中，上式中各量的单位都已确定：

1 Wb/s = 1 T·m²/s = 1 (N/A·m)·m²/s = 1 Nm/As = 1 J/C = 1 V

所以上式中 $k = 1$，$E = \Delta\Phi/\Delta t$，设闭合电路是一个 n 匝线圈，且穿过每匝线圈的磁通量变化率都相同，由于 n 匝线圈相当于 n 个单匝线圈串联，因此整个线圈中的感应电动势是单匝线圈的 n 倍，$E = n\Delta\Phi/\Delta t$。

下面我们推导导体做切割磁感线运动时感应电动势的表达式。如图 9-5 所示，把矩形框 abcd 放在磁感应强度为 B 的匀强磁场里，线框平面跟磁感线垂直。

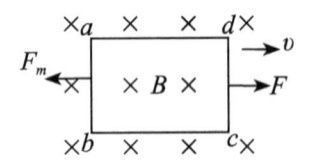

图 9-5　感应电动势的推导（v、B 垂直）

设线框可动部分（movable part）cd 的长度是 l，以速度 v 向右运动，在 Δt 时间内由原来的位置移动了 $v\Delta t$，这时线框的面积改变量 $\Delta S = lv\Delta t$，穿过闭合电路的磁通量的变化量 $\Delta\Phi = B\Delta S = Blv\Delta t$。代入公式 $E = \Delta\Phi/\Delta t$ 中，得到：

$$E = Blv$$

如果导体的运动方向跟导线本身垂直，但跟磁感线方向有一个夹角，如图 9-6 所示，我们可以把速度 v 分解为两个分量，其有效切割速度 $v_\perp = v\sin\theta$。那么上式可改写为：

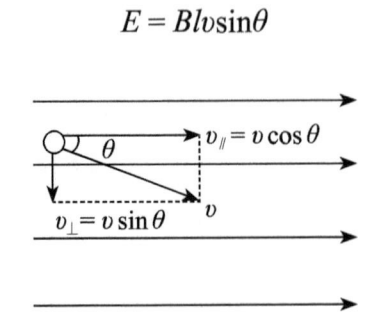

$$E = Blv\sin\theta$$

图 9-6　感应电动势的推导（v、B 夹角 θ）

法拉第电磁感应定律反映的是在 Δt 一段时间内的平均感应电动势。只有

当 Δt 趋近于零时，才是瞬时值（instantaneous value）。而公式 $E = Blv\sin\theta$ 中，当 v 取瞬时速度时则 E 是瞬时值，当 v 取平均速度时，E 是平均感应电动势（average induced EMF during Δt）。

【例】 如图所示，有一夹角为 θ 的金属三角架，三角架所围区域内存在匀强磁场中，磁场的磁感应强度为 B，方向与三角架所在平面垂直，一段直导线 ab，从顶点 c 贴着三角架以速度 v 向右匀速运动，求：

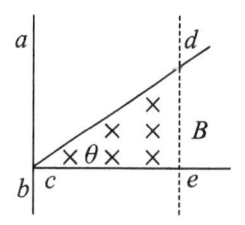

（1）t 时刻三角架的瞬时感应电动势。
（2）t 时间内三角架的平均感应电动势。

分析：

导线 ab 从顶点 c 向右匀速运动，切割磁感线的有效长度 de 随时间变化，设经时间 t，ab 运动到 de 的位置，则

$$l_{de} = l_{ce} \cdot \tan\theta = vt\tan\theta$$

（1）t 时刻的瞬时感应电动势为：

$$E = Blv = Bv^2 t\tan\theta$$

（2）t 时间内平均感应电动势为：

$$E = \frac{\Delta\Phi}{\Delta t} = \frac{B\Delta S}{\Delta t} = B \cdot vt \cdot vt \cdot \frac{1}{2} t\tan\theta = \frac{Bv^2 t\tan\theta}{2}$$

本节小结

1. 闭合电路面积为 S，垂直匀强磁场 B 放置，则 B 与 S 的乘积，叫作穿过这个面的磁通量，即 $\Phi = BS$。

2. 电磁感应：只要穿过闭合电路的磁通量发生变化，闭合电路中就有电流产生。

3. 法拉第电磁感应定律：电路中感应电动势的大小，跟穿过该电路的磁通量的变化率成正比。

第二节　楞次定律 *
Lenz's Law

在上一节的三个实验中，电流表的指针有时向右偏转，有时向左偏转，表示在不同情况下感应电流的方向是不同的。怎样确定感应电流的方向呢？

我们通过上一节的实验二来研究这个问题。通过实验观察发现如图 9-7 所示的规律。

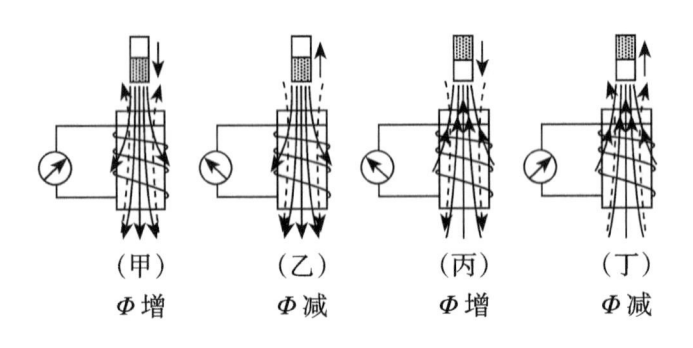

（甲）　　（乙）　　（丙）　　（丁）
Φ增　　　Φ减　　　Φ增　　　Φ减

图 9-7　感应电流的方向实验

（甲）图：当把条形磁铁 N 极插入线圈中时，穿过线圈的磁通量增加，由实验可知，这时感应电流的磁场方向跟磁铁的磁场方向相反。

（乙）图：当把条形磁铁 N 极拔出线圈时，穿过线圈的磁通量减少，由实验可知，这时感应电流的磁场方向跟磁铁的磁场方向相同。

（丙）图：当把条形磁铁 S 极插入线圈中时，穿过线圈的磁通量增加，由实验可知，这时感应电流的磁场方向跟磁铁的磁场方向相反。

（丁）图：当把条形磁铁 S 极拔出线圈时，穿过线圈的磁通量减少，由实验可知，这时感应电流的磁场方向跟磁铁的磁场方向相同。

通过上述实验知道：凡是由磁通量的增加引起的感应电流，它所激发的磁场一定阻碍原来磁通量的增加；凡是由磁通量的减少引起的感应电流，它所激发的磁场一定阻碍原来磁通量的减少。在两种情况中，感应电流的磁场都阻碍了原磁通量的变化。

物理学家楞次（Heinrich Friedrich Emil Lenz，1804～1865）概括了各种实验结果，在 1834 年得到如下结论：

感应电流具有这样的方向，就是感应电流的磁场总要阻碍引起感应电流的磁通量的变化（An induced current in a closed circuit is always so directed that its magnetic field opposes the change in the magnetic flux that causes the current）。这就是楞次定律（Lenz's Law）。

对"阻碍"二字应正确理解，"阻碍（oppose）"不是"阻止（prohibit）"，而只是延缓（delay）了原磁通量的变化，电路中的磁通量还是在变化的。例如：当原磁通量增加时，虽有感应电流的磁场的阻碍，磁通量还是在增加，只是增加的慢一点而已。实质上，楞次定律中的"阻碍"二字，指的是"反抗着产生感应电流的那个原因"。

利用楞次定律可以判断各种情况下感应电流的方向。感应电流的方向跟感应电动势的方向是一致的，判断出感应电流的方向也就判断出感应电动势的方向。

具体的判定步骤可以分为：

（1）明确原磁场的方向（know the direction of B of the primary field）。

（2）明确穿过闭合回路的磁通量是增加还是减少（know how the flux in the closed circuit change）。

（3）根据楞次定律，判定感应电流的磁场方向（determine the direction of B of the induced current according to Lenz's Law）。

（4）利用安培定律判定感应电流的方向（determine the direction of the induced current according to Ampère's Law）。

练习题

1. 下列说法中正确的是（　　）。

    A. 穿过某一个面的磁通量为零，该处磁感应强度必为零

    B. 穿过任何一个平面的磁通量越大，该处磁感应强度也越大

    C. 穿过垂直于磁感应强度方向的某面积的磁感线条数等于磁感应强度

    D. 当平面跟磁场方向平行时，穿过该面的磁通量必为零

2. 将面积为 0.75 m² 的线圈放在匀强磁场中，线圈平面与磁感线垂直，已知穿过线圈平面的磁通量是 1.50 Wb，那么这个磁场的磁感应强度是（　　）。

    A. 0.5 T　　　　B. 1.125 T　　　　C. 2.0 T　　　　D. 2.25 T

3. 磁通量的单位是（　　）。

    A. 特斯拉（T）　　　　　　B. 瓦特（W）

    C. 焦耳（J）　　　　　　　D. 韦伯（Wb）

10 机械振动和机械波
Mechanical Oscillations and Waves

前面我们学习了在恒力作用下的匀变速直线运动和在大小不变而方向改变的向心力作用下的匀速圆周运动，现在来学习在大小和方向都改变的回复力（restoring force）作用下的运动——机械振动（mechanical oscillations）。

第一节 简谐运动
Simple harmonic motion

1 简谐运动
Simple harmonic motion

在弹簧下挂一个小球，等待小球静止，拉一下小球，它就以原来的平衡位置为中心，上下做往复运动。

物体在平衡位置附近所做的往复运动，叫作机械振动，通常简称为振动。

If in a periodic motion, a body or a system moves back and forth over the same path, its motion is called an oscillation or vibration.

振动现象在自然界中是广泛存在的，钟摆的摆动，树梢在微风中的摇摆，这都是振动；一切发声的物体都在振动；地震时发生在我们脚下大地的振动。

我们从最基本的振动入手，这种振动就是简谐运动。

简谐运动是一种最简单、最基本的振动，我们以弹簧振子（spring oscillator）为例学习简谐运动。

如图 10-1，弹簧一端固定，另一端连一个物体，在光滑水平面上运动，这样的系统称为弹簧振子，其中的物体称为振子。振子静止在 O 点时，弹簧没有发生形变，对振子弹簧没有作用力，O 点是振子的平衡位置，把振子拉到平衡位置右方的 B 点，然后放开。

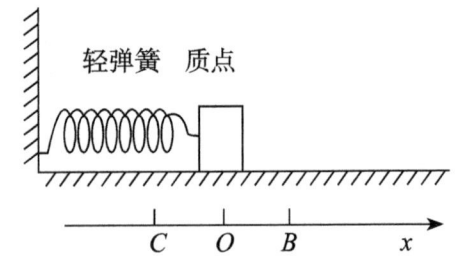

图 10-1 弹簧振子的简谐运动

振子以 O 点为中心，在光滑水平面上做往复运动。振子由 B 点开始运动，经过 O 点运动到 C 点，由 C 点再经过 O 点回到 B 点，且 OB 与 OC 长度相等。此后振子不停地重复这种往复运动。

我们来分析一下振子的受力情况。振子在运动过程中，所受重力与支持力平衡，对振子运动没有影响。**影响振子运动的只有弹簧的弹力，这个力的方向与振子偏离平衡位置的位移方向相反，总是指向平衡位置**（The only influence on the oscillator is the elastic force of the spring, which acts in a direction opposite to the displacement and directs to the equilibrium position）。它的作用是使振子回到平衡位置，所以叫作回复力。

回复力是根据力的效果命名的，对于弹簧振子，它是弹力。回复力可以是弹力，或其他的力，或几个力的合力，或某个力的分力。在 O 点，**回复力是零，叫振动的平衡位置**（equilibrium position）。

根据胡克定律，我们知道弹簧振子的回复力 F 跟振子偏离平衡位置的位移 x 成正比（From Hooke's Law, we know that the restoring force F of a spring oscillator is directly proportional to the displacement x of the oscillator），即：

$$F = -kx$$

式中的负号表示弹簧振子的回复力方向跟振子偏离平衡位置的位移方向相反（The negative sign means that the direction of the restoring force is opposite to the direction of the displacement）。

物体在跟偏离平衡位置的位移大小成正比，并且在总指向平衡位置的回复

力的作用下的振动，叫作简谐运动(jiǎn xié yùn dòng)。

简谐运动是一种变加速运动（Simple harmonic motion is a non-uniform motion）。

根据牛顿第二定律可知，做简谐运动的物体的加速度跟物体偏离平衡位置的位移大小成正比，方向与位移相反，总指向平衡位置。

2 振幅、周期和频率
Amplitude, period and frequency

各种不同的机械运动都需要用位移、速度、加速度等物理量来描述。但是不同的运动具有不同的特点，需要引入不同的物理量来描述这种特点。描述简谐运动也需要引入新的物理量，这就是振幅、周期和频率。

振动物体总在一定的范围内运动。如图 10-1，振子在 B 点和 C 点之间运动，振子离开平衡位置的最大位移为 OB 或 OC。

振动物体离开平衡位置的最大距离，叫作振动的振幅。

The maximum distance from the equilibrium position is called the amplitude of oscillation.

振幅是表示振动强弱的物理量。

简谐运动具有周期性。在图 10-1 中，如果振子由 B 点开始运动，经过 O 点运动到 C 点，再经过 O 点回到 B 点，我们就说它完成了一次全振动（entire oscillation）。振子完成一次全振动所需要的时间是相同的。**做简谐运动的物体完成一次全振动所需要的时间，叫作振动的周期；单位时间内完成全振动的次数，叫作振动的频率。**

周期和频率都是表示振动快慢的物理量。周期越短，频率越大，表示振动越快。用 T 表示周期，f 表示频率，则有

$$f = \frac{1}{T}$$

在国际单位制中，周期的单位是 s，频率的单位是 Hz，$1\text{ Hz} = 1\text{ s}^{-1}$。

【例】 甲、乙两个弹簧振子，甲完成了 12 次全振动，在相同时间内，乙恰好完成了 8 次全振动，求甲、乙振动周期之比和甲、乙振动频率之比。

解：

设完成 12 次全振动所用时间为 t，依题意可知，甲、乙周期为：

$$T_甲 = \frac{t}{12}, \quad T_乙 = \frac{t}{8}$$

其周期之比为：

$$T_甲 : T_乙 = \frac{t}{12} : \frac{t}{8} = 2 : 3$$

由于频率是周期的倒数，所以频率之比为：

$$f_甲 : f_乙 = 3 : 2$$

3 简谐运动的振动图像 *

Graph of oscillation for simple harmonic motion

物体运动的位移和时间的关系，可以用公式表示，也可以用图像表示。在匀速直线运动中，设开始的时候位移为零，则运动公式为 $s = vt$，位移-时间图像是过原点的一条直线；简谐运动的位移与时间的关系，也可以用公式来表示，但较为复杂，所以我们先来研究简谐运动的图像。

图 10-2 是一个弹簧振子的运动情况。（甲）图是振子静止在平衡位置时的状态；（乙）图是振子运动到右侧距平衡位置最大处；（丙）图是振子运动到左侧距平衡位置最大处。简谐运动是以平衡位置为中心的往复运动，它的位移是指对平衡位置的位移。在图 10-2 中，取水平向右的方向为位移正方向（We choose the right direction as the positive direction），则振子

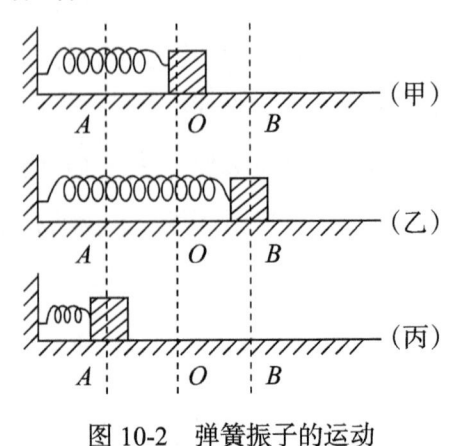

图 10-2 弹簧振子的运动

第十章 机械振动和机械波 Mechanical Oscillations and Waves

在平衡位置右方的位移为正值，在左方则取负值。

以纵轴（vertical axis）表示位移 s，横轴（horizontal axis）表示时间 t，我们可以用一条余弦曲线（cosine curve）表示弹簧振子的运动。

简谐运动的位移—时间图像通常称为振动图像（The s-t graph of simple harmonic motion is called the graph of oscillation），也叫振动曲线。理论和实验都证明，所有简谐运动的振动图像都是正弦（sine）或余弦曲线。

振动图像表示出振子的位移随时间变化的规律（The graph of oscillation shows the rule of displacement and time），它可以告诉我们振子在任意时刻对平衡位置的位移，还可以表示出振动的振幅和周期。所以认识振动图像对于学习简谐运动是十分有益的。

本节小结

1. 振动：物体在平衡位置附近所做的往复运动，叫作机械振动，简称振动。
2. 简谐运动：物体在跟偏离平衡位置的位移大小成正比，并且在总指向平衡位置的回复力的作用下的振动。
3. 回复力：使振子回到平衡位置的力。回复力是零的位置，叫振动的平衡位置。
4. 振动的振幅：振动物体离开平衡位置的最大距离。
5. 振动的周期：做简谐运动的物体完成一次全振动所需要的时间。
6. 振动的频率：单位时间内完成全振动的次数。

第二节　单摆 *

Simple pendulum

前一课我们学习了弹簧振子，了解了简谐运动和振动周期。日常生活中，我们常常见到钟表店里摆钟摆锤的振动，这种振动有什么特点呢？它是根据什么原理制成的？钟摆类似于物理上的一种理想模型（ideal model）——单摆。这节课我们就来了解一下单摆。

1　单摆

Simple pendulum

在图 10-3 中，如果悬挂小球的细线的伸缩和质量可以忽略，线长又比小球的直径大得多，这样的装置就叫单摆。单摆是实际摆的理想模型（The simple pendulum is the ideal model for the actual pendulum）。

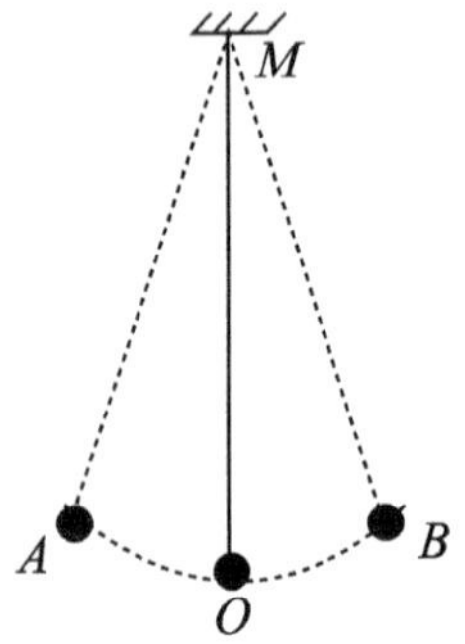

摆球静止在 O 点时，悬线竖直下垂，摆球所受重力 G 与悬线拉力 F' 平衡，O 点是单摆的平衡位置。拉开摆球，使它离开平衡位置，然后放开。此时，重力与拉力不再平衡，在这两个力的共同作用下，摆球将沿着以平衡位置 O 为中点的一段圆弧 AB 做往复运动。这就是单摆的振动。

图 10-3　单摆

在研究摆球运动时，可以不考虑与摆球运动方向垂直的力，而只考虑沿摆球运动方向的力。当摆球运动到任意点 P 时，重力沿圆弧切线方向的分力 $G_1 = mg\sin\theta$，正是这个力提供了使摆球振动的回复力 $F = G_1 = mg\sin\theta$，在偏角 θ 很小时，$\sin\theta \approx \theta \approx x/l$，所以单摆的回复力为：

$$F = -\frac{mgx}{l}$$

其中 l 是单摆的摆长（pendulum length），x 为摆球偏离平衡位置的位移，负号表示回复力的方向与位移方向相反。由于 m、g、l 都有确定的数值，因此可以用一个常数来代替 mg/l，那么上面的公式可以表示为：

$$F = -kx$$

可见在偏角很小的情况下，回复力与摆球偏离平衡位置的位移成正比，而方向相反，此时单摆做简谐运动（When the offset angle of the pendulum is small enough, the restoring force is directly proportional to the displacement and directs to the opposite position, and the pendulum moves in simple harmonic motion）。

2　单摆的周期
Period of a pendulum

要研究周期和振幅有没有关系，其他条件就应不变。取一个摆长约为 1m 的单摆，在偏角很小的情况下，测出它完成一定次数下（如 50 次）全振动所用的时间，算出单摆的周期。在偏角更小的情况下，同样测出单摆的周期。可以证明，两次测出的周期是相等的。结果表明单摆的周期跟振幅无关，这种性质叫作单摆的等时性（The result indicates that the period is amplitude-independent, which is called the isochronism of the pendulum）。

取摆长不同的两个单摆，测出它们的周期，表明摆长越长，周期越大（For different lengths, the result shows that the period is larger with the longer pendulum length）。用大小相同，质量不同的两个小球作为摆球，测出单摆周期，表明单摆周期与摆球质量无关（Different masses have the same period, which reveals that the period is mass-independent）。

荷兰物理学家惠更斯（Christiaan Huygens，1629～1695）研究了单摆的振动，发现单摆做简谐运动的周期跟摆长 l 的二次方程根成正比，跟重力加速度 g 的二次方根成反比，跟振幅、摆球的质量无关（If a pendulum moves in simple harmonic motion, its period is directly proportional to the square root of its length, is inversely proportional to the square root of the acceleration of gravity, and is amplitude- and mass-independent）。并确定了如下的单摆周期公式：

$$t = 2\pi\sqrt{\frac{l}{g}}$$

我们知道，重力加速度在各个地方是不同的。单摆的周期和摆长容易用实验测量出来，这样我们就可以根据单摆周期公式计算出各个地点的重力加速度了。

第三节　机械波
Mechanical waves

1　机械波 *
Mechanical waves

我们学习过的机械振动是描述单个质点的运动形式，这一节课我们来学习由大量质点构成的弹性媒质的整体的一种运动形式——机械波。

水波是在水中传播的，声波通常是在空气中传播的，地震波是在地壳中传播的。水、空气和地壳等借以传播波的物质，叫作介质。机械振动在介质中传播，形成机械波（A mechanical wave is the propagation of oscillation in a medium）。机械波产生当然会需要振源，产生机械振动的物质，如在绳波中的手的不停抖动就是振源。所以振源和介质是机械波产生的条件（A vibration source and a medium are the essential factors for a mechanical wave）。

介质中有机械波传播时，介质中的点并不随波一起传播（When a mechanical wave propagates in a medium, the particles in the medium do not propagate with the wave）。例如绳上或弹簧上有波传播时，它们的质点发生振动，但并不随波而迁移，传播的只是振动这种运动形式。

介质中本来静止的点，随着波的传播而发生振动，这表示质点获得了能量，这个能量是振源通过前面的质点依次传来的，所以波在传播振动这种运动形式的同时，也将振源的能量传递出去，波是能量传递的一种方式（Waves are one way for energy transmission）。

我们来看看机械波的形成过程。把介质看成由无数个质点弹性连接而成，可以想象为如图 10-4 所示。

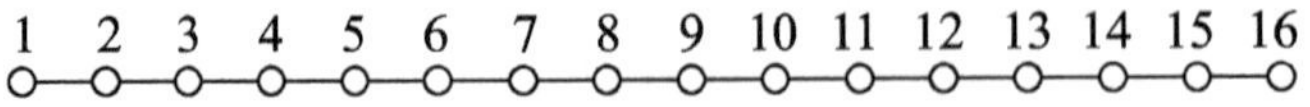

```
1 2 3 4 5 6 7 8 9 10 11 12 13 14 15 16
○ ○ ○ ○ ○ ○ ○ ○ ○ ○  ○  ○  ○  ○  ○  ○
```

图 10-4　介质点

由于相邻质点的力的作用，当介质中某一质点发生振动时，就会带动周围的质点振动起来，从而使振动向远处传播。例如：

图 10-5 表示绳上一列波的形成过程。图中 1~18 这 18 个小点代表绳上的一排质点，质点间有弹力联系着。图中的第一行表示在开始时刻（$t=0$）各质点的位置，这时所有质点都处在平衡位置。其中第一个质点受到外力作用将开始在垂直方向上做简谐运动，设振动周期为 T，则第二行表示经过 $T/4$ 时各质点的位置，这时质点 1 已达到最大位移，正开始向下运动；质点 2 的振动较质点 1 落后一些，仍向上运动；质点 3 更落后一些，此时振动刚传到了质点 4。第三行表示经过 $T/2$ 时各质点的位置，这时质点 1 又回到平衡位置，并继续向下运动，质点 4 刚到达最大位移处，此时振动传到了质点 7。依次推论，第四、五、六行分别表示了经过 $3T/4$、T 和 $5T/4$ 后的各质点的位置，并分别显示了各个对应时刻所有质点所排列成的波形。

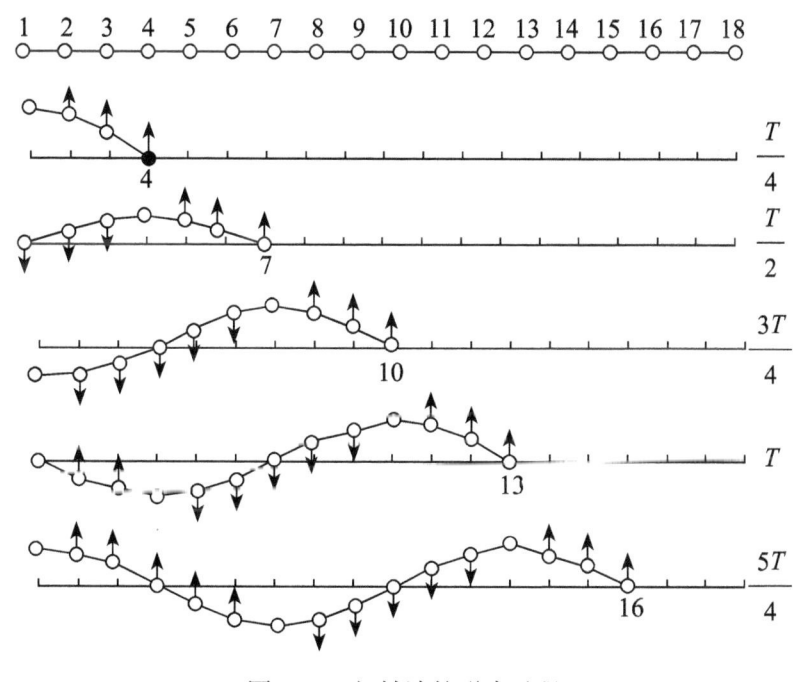

图 10-5　机械波的形成过程

2　横波和纵波 *

Transverse and longitudinal waves

在图 10-5 所示的波中，质点上下振动，波向右传播，二者的方向是垂直的。质点的振动方向与波传播方向垂直的波，叫作横波（A wave in which the direction of oscillations of the particles is at right angles to the direction of wave propagation is called a transverse wave)。在横波中，凸起的最高处叫作波峰（crest），凹下的最低处叫作波谷（trough）。现在我们来看另一种波。

在光滑的水平桌面上，放一根长而软的螺旋弹簧，用手拉住弹簧的左端，有规律的左右振动，可以看到弹簧上产生密集的部分和稀疏的部分。这种密集部分和稀疏部分相间的自左向右传播，在弹簧上形成一列波。

我们可以把弹簧看作一列由弹力联系着的质点，手拉弹簧左右振动起来以后，以此带动后面的点左右振动，但后一个质点总比前一个质点迟一些振动，从整体上看形成疏密相间的波在弹簧上传播（图 10-6）。

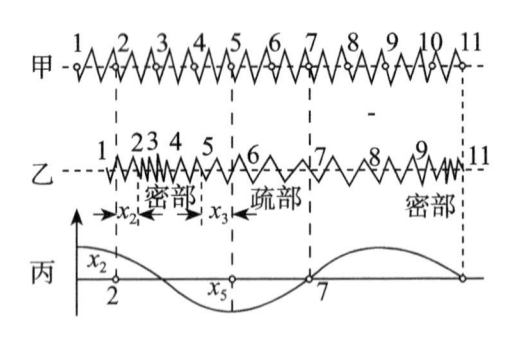

图 10-6 波在弹簧上传播

在图 10-6 所示的波中，质点左右振动，向右传播，二者的方向在同一直线上。质点的振动方向跟波传播方向在同一直线上的波，叫作纵波（A wave in which the particles in the medium vibrate in the direction of wave propagation is called a longitudinal wave）。在纵波中，质点分布最密的地方叫密部（condensation），质点分布最疏的地方叫疏部（rarefaction）。

发声体振动时在空气中传播的声波是纵波，前面说过的水波、绳波都是横波，而地震时产生的地震波则是既有横波又有纵波。

3 波的图像
Wave graph

机械波是机械振动在介质里的传播过程。从波源开始，随着波的传播，介质中的大量质点先后开始振动起来，虽然这些质点只在平衡位置附近做重复波源的振动。但由于它们振动步调不一致,所以,在某一时刻介质中各质点对平衡位置的位移各不相同。为了从总体上形象地描绘出波的运动情况,物理学中采用了波的图像。

如图10-7所示,用横坐标 x 表示在波的传播方向上各质点的平衡位置与参考点的距离(The x-axis shows the distance between the equilibrium position of each particle and the reference point),纵坐标 y 表示某一时刻各质点偏离平衡位置的位移(The y-axis indicates the displacement of each particle from its equilibrium position at one time),并规定在横波中位移的方向向上时为正值,位移的方向向下时为负值。在坐标平面上,画出各个质点的平衡位置与该质点偏离平衡位置的位移 (x, y),用光滑曲线将这些点连接起来,就得到某一时刻的波的图像。波的图像又叫波形图。

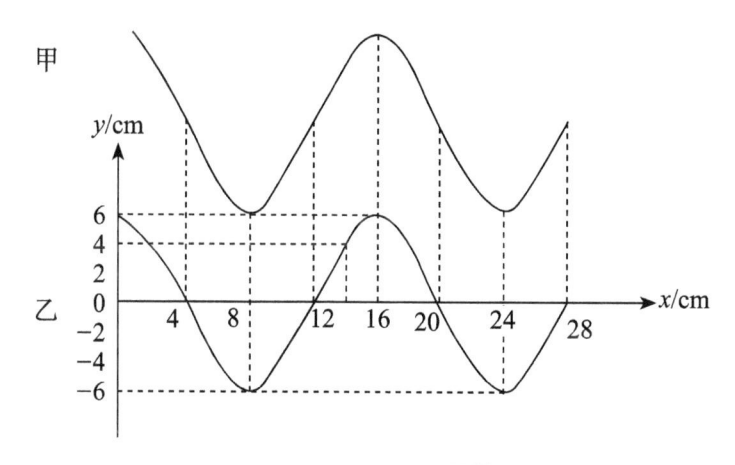

图 10-7 横波的图像

由于纵波的图像较为复杂,不再深入讨论。这里我们只讨论横波的图像。我们来看看波的图像的物理意义。

波的图像表示介质中各质点在某一时刻(同一时刻)偏离平衡位置的位移的空间分布情况(A wave graph shows the spatial distribution of the displacement of each particle in the medium at one time)。在不同时刻质点振动的位移不同,波形也随之改变,不同时刻的波形曲线是不同的。波以一定的速率 v 在介质中传播,单位时间内某一波峰或波谷向前移动的距离等于波速(Wave speed is defined as the distance a crest or trough travels per unit time)。从某一时刻波的图像可以知道任一时刻波的图像,例如知道某一时刻 t 的波的图像,使波的图像沿着波的传播方向移动，$\Delta x = v\Delta t$，就得到 $t + \Delta t$ 时刻波的图像。图 10-8 表示经过 Δt 时间后的波的形状和各质点的位移。

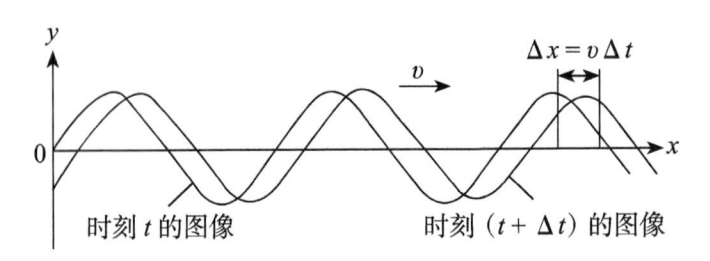

图 10-8　波形曲线

从某种意义上讲，波的图像可以看作是"位移对空间的展开图"，即**波的图像具有空间的周期性**（A wave graph has spatial periodicity）；同时每经过一个周期，波就向前传播一个波长的距离，虽然不同时刻波的形状不同，但每隔一个周期又恢复原来的形状，所以波在时间上也具有周期性。

图 10-8 所示的**波形曲线是正弦曲线，它所表示的波叫作简谐波**（simple harmonic wave）。振源做简谐运动的时候，所形成的波就是简谐波（If the vibration source moves in simple harmonic motion, the mechanical wave caused is a simple harmonic wave）。简谐波是一种最简单、最基本的波，其他的波可以看成是由若干简谐波合成的。

【例】 如图所示为一列简谐波在某一时刻的波的图像，求：

（1）该波的振幅。

（2）已知波向右传播，说明 A、B、C、D 质点的振动方向。

解：

（1）振幅是质点偏离平衡位置的最大位移，所以振幅 $A = 5$ cm。

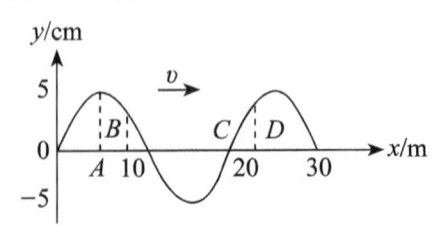

（2）根据波的传播方向和波的形成过程，可以知道质点 B 开始的时间比它左边的质点 A 要滞后一些，质点 A 已到达正向最大位移处，所以质点 B 此时刻的运动方向是向上的，同理可判断出 C、D 质点的运动方向是向下的。

第十章 机械振动和机械波 Mechanical Oscillations and Waves

本节小结

1. 波的图像：用横坐标 x 表示在波的传播方向上各质点的平衡位置与参考点的距离，纵坐标 y 表示某一时刻各质点偏离平衡位置的位移，并规定在横波中位移的方向向上时为正值，位移的方向向下时为负值，在坐标平面上，画出各个质点的平衡位置与该质点偏离平衡位置的位移 (x, y)，用光滑曲线将这些点连接起来，就得到某一时刻的波的图像。

2. 从某种意义上讲，波的图像具有空间的周期性，在时间上也具有周期性。

3. 简谐波的波形曲线是正弦曲线。

第四节　波长、频率和波速

Wavelength, frequency and wave speed

图 10-5 中，由质点 1 发出的振动传到质点 13，使质点 13 开始振动时，质点 1 完成一次全振动，因而这两个质点的步调完全一致，也就是说，这两个质点在振动中的任何时刻，对平衡位置的位移大小和方向总是相等的。同样，质点 2 和 14，3 和 15 在振动中的任何时刻，对平衡位置的位移大小和方向总是相等的。

在波动中，对平衡位置的位移总是相等的两个相邻质点之间的距离，叫作波长。

The distance between two identical crests or troughs in a wave is called wavelength.

波长通常用 λ 表示，如图 10-9 所示。

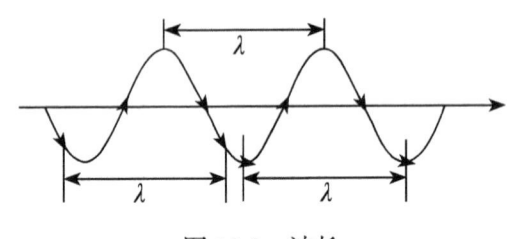

图 10-9　波长

在横波中波长等于相邻两个波峰或波谷之间的距离；在纵波中波长等于相邻两个密部或疏部的中央之间的距离。

在波动中，各个质点的振动周期（或频率）是相同的，它们都等于振源的振动周期（或频率），这个振动周期（或频率）也叫波的周期（或频率）。

The period (or frequency) of a wave refers to how often the particles in the medium vibrate.

在图 10-5 中，由质点 1 发出的振动，经过一个周期传到质点 13，也就是说经过一个周期 T，振动在介质中传播的距离等于一个波长 λ，所以波速为：

$$v = \frac{\lambda}{T}$$

而周期 T 和频率 f 互为倒数（即 $f = 1/T$），所以上式可以写成

$$v = \lambda f$$

此公式表示：**波速等于波长和频率的乘积**（Wave speed equals the product of the wavelength and frequency）。这个关系虽然是从机械波中得到的，但是它对于我们今后要学的电磁波、光波也是同样适用的。机械波在介质中传播的波速由介质本身的性质决定，在不同的介质中，波速是不同的。

【例】 下图是一列简谐波在某一时刻的波形图线。虚线是 0.2 s 后它的波形图线。这列波可能的传播速度是多大？

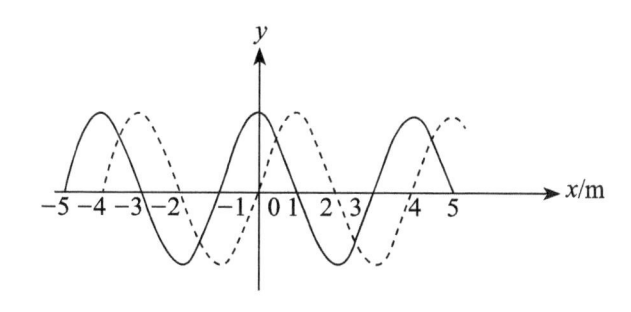

解：

由于波的传播方向未给定，所以必须分别讨论波向右传播和向左传播两种情况，又由于周期（或频率）未给定，要注意时间的周期性，用通式表示一段时间 t。

由图线可直接读出波长 $\lambda = 4$ m。

当波向右传播时，$0.2 = (n + 1/4) T$，周期 T 为：

$$T = \frac{0.2}{(n + \frac{1}{4})} \text{ s}$$

则波速为：

$$v = \frac{\lambda}{T} = \frac{4(n + \frac{1}{4})}{0.2} = 5(4n + 1) \text{ m/s } (n = 0, 1, 2, 3 \cdots)$$

当波向左传播时，$0.2 = (n + 3/4)T$，周期 T 为：

$$T = \frac{0.2}{(n+\frac{3}{4})} \text{ s}$$

则波速为：

$$v = \frac{\lambda}{T} = \frac{4(n+\frac{3}{4})}{0.2} = 5(4n+3) \text{ m/s} \quad (n = 0, 1, 2, 3\cdots)$$

此题还有另一种解法，因为波具有空间周期性，当波向右传播时，在 0.2 s 内，传播的距离应为：

$$s = (n+\frac{1}{4})\lambda$$

则传播速度为：

$$v = \frac{s}{t} = (n+\frac{1}{4}) \times \frac{4}{0.2} = 5(4n+1) \text{ m/s} \quad (n = 0, 1, 2, 3\cdots)$$

当波向左传播时，在 0.2 s 内，传播的距离为：

$$s = (n+\frac{3}{4})\lambda$$

则传播速度为：

$$v = \frac{s}{t} = (n+\frac{3}{4}) \times \frac{4}{0.2} = 5(4n+3) \text{ m/s} \quad (n = 0, 1, 2, 3\cdots)$$

可以看出，用后一种解法更好，更直观。无论怎么解，关键是波具有周期性，波可能向两个方向传播，这是讨论波问题最重要的两点。

本节小结

1. 波长：在波动中，对平衡位置的位移总是相等的两个相邻质点之间的距离。

2. 波的振动周期（或频率）：在波动中，各个质点的振动周期（或频率）是相同的，它们都等于振源的振动周期（或频率）。

3. 波速等于波长和频率的乘积：$v = \lambda f$。

练习题

1. 弹簧振子在做简谐振动的过程中，振子通过平衡位置时（　　）。

    A. 速度值最大　　　　　　B. 回复力的值最大

    C. 加速度值最大　　　　　D. 位移最大

2. 一质点做简谐振动，当位移为正的最大值时，质点的（　　）。

    A. 速度为正的最大值，加速度为零

    B. 速度为负的最大值，加速度为零

    C. 速度为零，加速度为正的最大值

    D. 速度为零，加速度为负的最大值

3. 做简谐振动的质点每次经过同一位置时，不相同的物理量是（　　）。

    A. 速度 (v)　　　　　　B. 位移 (s)

    C. 动能 (E)　　　　　　D. 加速度 (a)

4. 一列沿 x 轴正方传播的波，波速为 6 m/s，振幅为 2 cm，在某一时刻距波源 5 cm 的 A 点运动到负最大位移时，距波源 8 cm 的 B 点恰在平衡位置且向上运动。可知该波的波长 λ，频率 f 分别为（　　）。

    A. λ = 12 cm，f = 50 Hz

    B. λ = 4 cm，f = 150 Hz

    C. λ = 12 cm，f = 150 Hz

    D. λ = 4 cm，f = 50 Hz

5. 如图所示，是某质点的振动图像，从图中可知（　　）。

    A. t = 0 时，质点的位移为 0，速度为 0，加速度为 0

    B. t = 1 s 时，质点的位移为 5 cm，速度和加速度都最大

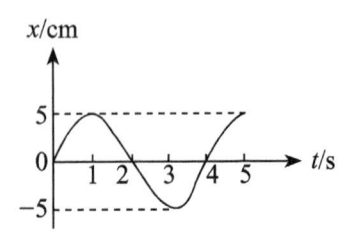

    C. t = 2 s 时，质点的位移为 0，速度最大，加速度为 0

    D. 质点的振幅是 5 cm，振动周期是 2 s

6. 做简谐振动的物体的位移和时间关系曲线如图所示，由此可知 $t = 4$ s 时，质点（　　）。

   A. 速度为正的最大值，加速度为零

   B. 速度为负的最大值，加速度为零

   C. 加速度为正的最大值，速度为零

   D. 加速度为负的最大值，速度为零

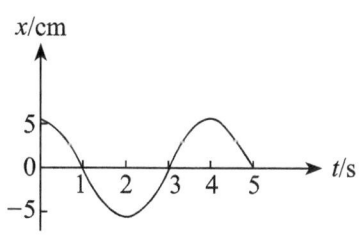

7. 一简谐振子沿 x 轴振动，平衡位置在坐标原点。$t = 0$ 时，振子的位移 $l = -0.1$ m；$t = 1$ s 时，$l = 0.1$ m；$t = 2$ s 时，$l = -0.1$ m。该振子的振幅和周期可能为（　　）。

   A. 0.1 m，1 s

   B. 0.1 m，2 s

   C. 0.2 m，1 s

   D. 0.2 m，2 s

8. 一列简谐波沿 x 轴正方向传播，波速 $v = 20$ m/s，$t = 0$ 时刻的波形如图所示，则波的周期是（　　）。

   A. 0.5 s   B. 4 s

   C. 0.25 s   D. 2 s

9. 下图为一列简谐波在 $t = 0$ 时的波动图像，波速为 2 m/s，则该简谐波的波长和振幅分别为（　　）。

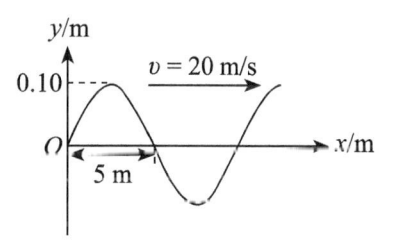

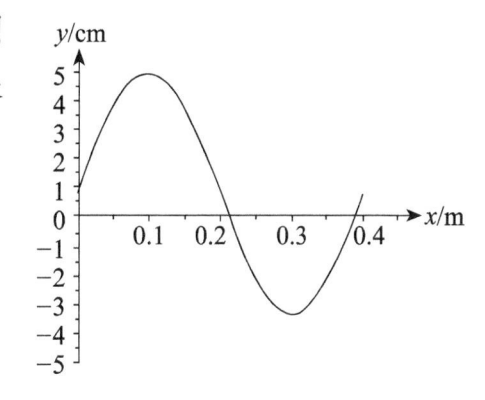

   A. 0.2 m，5 cm

   B. 0.2 m，10 cm

   C. 0.4 m，5 cm

   D. 0.4 m，10 cm

10. 弹簧振子在做简谐振动的过程中,当振子的位移最大时( )。

 A. 速度最大　　B. 速度为零　　C. 加速度为零　　D. 回复力为零

11. 频率为 100 Hz,传播速度为 300 m/s 的机械波,它的波长为( )。

 A. 2 m　　　　B. 3 m　　　　C. 3×10^4 m　　D. $\dfrac{1}{3}$ m

12. 如图所示是一列简谐波在 $t = 0$ 时的波动图像,波速为 2 m/s,求从 $t = 0$ 到 $t = 2.5$ s 的时间内,质点 M 通过的路程是多大?位移是多大?

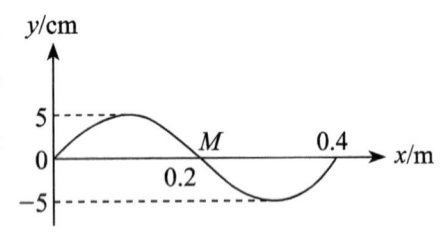

11 热学 Thermology

从本章开始，我们来学习热学。热学是物理学的一个组成部分，它研究的是热现象（thermal phenomena）的规律。描述热现象的一个基本概念是温度（temperature）。凡是跟温度有关的现象都叫作热现象。

第一节　分子 *
Molecule

1 分子大小
Size of a molecule

自古以来，人们就不断探索物质组成的秘密。2000多年前，古希腊的著名思想家德谟克利特（Democritus，前460～前370）说过，万物都是由极小的微粒构成的，并把这种微粒叫作原子。

科学技术发展到今天，原子的存在早已不是猜想。原子能结合成分子，分子是具有各种物质化学性质的最小粒子。实际上，构成物质的微粒是多种多样的，有原子、离子、分子等。在热学中，这些微粒做热运动是遵从相同规律的，所以统称为分子。

组成物质的分子是很小的，不但肉眼不能直接观察到它们，用光学显微镜（optical microscope）也同样不能观察到，只有用扫描隧道显微镜（scanning tunneling microscope）才可以观察到它们。

物理学中，测定分子大小的方法很多。用不同方法测得的分子直径是不完全相同的，但数量级是一致的，均为 10^{-10} m。

固体、液体被认为是各分子一个挨一个紧密排列的，每个分子的体积就是每个分子平均占有的空间。气体分子仍可视为小球，但分子间距离较大，不能看作一个挨一个紧密排列，所以气体分子的体积远小于每个分子平均占有的空间。每个气体分子平均占有的空间看作以相邻分子间距离为棱长的正立方体。

2　分子运动特点与气体压强
Features of molecular motion and the gas pressure

我们已经知道分子间是存在空隙的，气体分子间的空隙比固体、液体分子间的空隙要大得多，所以气体更容易被压缩。

气体可以充满整个空间，表明气体分子除了在相互碰撞的短暂时间外，分子间相互作用力十分微弱，气体分子可以自由运动。实际上，气体分子运动的速率很大，常温下大多数气体分子的运动速率都达到数百米每秒，这在数量级上相当于子弹的速度。

高速运动的气体分子与容器壁碰撞便会产生压强，我们所说的气体压强，就是气体对容器壁产生的压强（The gas pressure we are talking about is the pressure of gas on the wall of the container）。

第二节 理想气体状态方程
Equation of state of an ideal gas

1 气体的温度、体积和压强
Temperature, volume and pressure of gas

在热学中，我们通常使用以下三个参量来描述气体的状态：

温度：**温度在宏观上表示物体的冷热程度；在微观上是分子平均动能的标志**（In the macroscopic view, temperature means the degree of how hot or cold an object is; in the microscopic view, temperature is the mark of mean molecular kinetic energy）。

热力学温度（thermodynamic temperature）是国际单位制中的基本量之一，用符号 T 表示，单位是开尔文（kelvin），简称开，用符号 K 表示；摄氏温度是导出单位，用符号 t 表示，单位是摄氏度（Celsius degree），用符号 ℃ 表示。二者之间的关系是 $t = T - T_0$，其中 $T_0 = 273.15$ K。

两种温度间的关系可以表示为 $T = t + 273.15$ K 和 $\Delta T = \Delta t$，要注意两种单位制下每一度的间隔是相同的。

0 K 是低温的极限（limit），它表示所有分子都停止了热运动，可以无限接近，但永远不能达到。

体积：**气体总是充满它所在的容器，所以气体的体积总是等于盛装气体的容器的容积**。

压强：**气体的压强是由于气体分子频繁碰撞器壁而产生的**。在国际单位制中，压强的单位是帕斯卡（pascal），简称帕，用符号 Pa 表示。

对于一定质量的气体来说，如果温度、体积和压强这三个量都不改变，我们就说气体处于一定的状态中。实验表明，处于一定状态的气体其状态变化要遵循一定的规律。

2 理想气体状态方程
Equation of state of an ideal gas

为了研究气体状态变化的规律，我们假设这样一种气体，它在任何温度和任何压强下都能严格地遵循气体状态变化规律。我们把这样的气体叫作"理想气体"（ideal gas）。对于一定质量的理想气体的状态可用三个状态参量 p、V、T 来描述，而且这三个状态参量中只有一个变而另外两个保持不变的情况是不会发生的。换句话说：若其中任意两个参量确定之后，第三个参量一定有唯一确定的值。它们共同表征一定质量理想气体的唯一确定的状态。我们假定一定质量的理想气体在开始状态时各状态参量为 (p_1, V_1, T_1)，经过某变化过程，到末状态时各状态参量变为 (p_2, V_2, T_2)，则理想气体的状态变化遵守下面的规律：

$$\frac{p_1 V_1}{T_1} = \frac{p_2 V_2}{T_2} = nR = C$$

这就是理想气体状态方程。它说明：**一定质量的理想气体的压强、体积的乘积与热力学温度的比值是一个常数**（For a given mass of an ideal gas, the ratio of the product of the pressure and volume to the thermodynamic temperature is a constant）。

3 理想气体状态变化图像
Graph of changes in the state of an ideal gas

我们不仅可以用数学公式的形式来描述物理规律，还可以用图像的形式来描述物理规律。下面我们要在学习理想气体状态方程的基础上，进一步深入学习和理解理想气体状态变化在不同坐标系里的图像形式。根据理想气体状态方程说明，一定质量的理想气体的压强、体积的乘积与热力学温度的比值是一个常数。据此，一定质量的理想气体状态方程也可写成：$pV/T = C$。这里，C 是一个与质量有关的常数。那么，我们就可以根据不同的条件来画出理想气体状态变化图像了。

（1）<u>等温变化</u>（isothermal change）。此时方程中的 T 和 C 都是常数，$pV = CT$，则 p 与 V 成反比，在 p-V 图中是以 p 轴、V 轴为渐近线的双曲线，在 p-T 图中是平行于 p 轴的直线，在 V-T 图中是平行于 V 轴的直线。

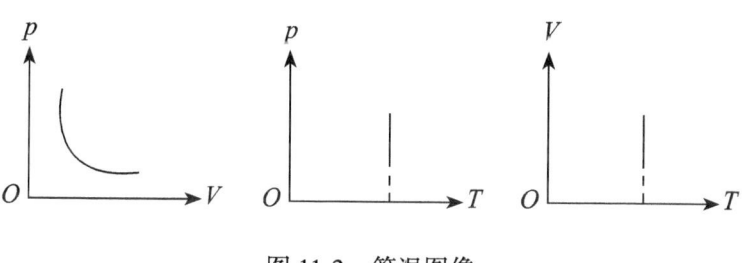

图 11-2　等温图像

（2）<u>等容变化</u>（isochoric change）。此时方程中的 V 和 C 都是常数，$p = CT/V$，p 与 T 成正比，因此在 p-V 图中是平行于 p 轴的直线，在 p-T 图中是过原点的直线（正比例图线），在 V-T 图中是平行于 T 轴的直线。

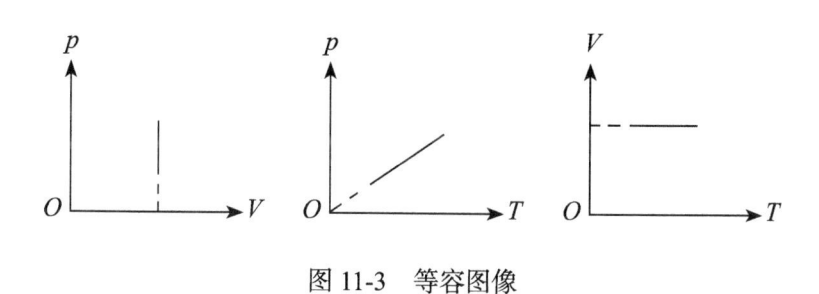

图 11-3　等容图像

（3）<u>等压变化</u>（isobaric change）。此时方程中的 p 和 C 都是常数，$V = CT/p$，V 与 T 成正比，因此在 p-V 图中是平行于 V 轴的直线，在 p-T 图中是平行于 T 轴的直线，在 V-T 图中是过原点的直线（正比例图线）。

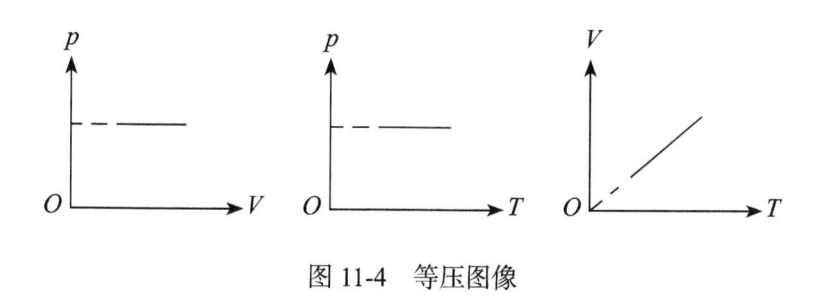

图 11-4　等压图像

本节小结

1. 温度：在宏观上表示物体的冷热程度；在微观上是分子平均动能的标志。

2. 热力学温度是国际单位制中的基本量之一，符号 T，单位 K；摄氏温度是导出单位，符号 t，单位 ℃。$T = t + 273.15$ K 和 $\Delta T = \Delta t$。

3. 压强的单位是帕斯卡，简称帕，用符号 Pa 表示。

4. 一定质量的理想气体的压强、体积的乘积与热力学温度的比值是一个常数：$pV/T = nR = C$。

5. 等温、等容和等压变化的图像及特点。

6. p-V 图、p-T 图和 V-T 图的物理意义。

练习题

1. 下图所示为一定质量的理想气体的三个过程的曲线，它们分别是（　　）。

   A. 1 等容、2 等压、3 等温

   B. 1 等温、2 等容、3 等压

   C. 1 等压、2 等温、3 等容

   D. 无法判断

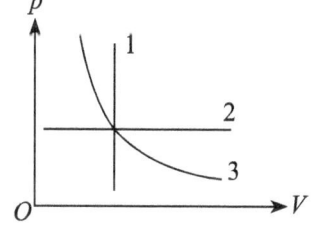

2. 一定质量的理想气体的三个状态参量，在变化过程中（　　）。

   A. 只可以改变其中一个参量

   B. 只可以改变其中两个参量

   C. 只改变一个参量时，其 pV/T 的值要变化

   D. 不论改变几个参量，其 pV/T 的值总不变

3. 一定质量的理想气体由状态 A 变为状态 B，$A \to B$ 是等压过程。已知状态 A 的体积 $V_1 = 0.3 \text{ m}^3$、温度 $T_1 = 300 \text{ K}$，状态 B 的温度 $T_2 = 400 \text{ K}$，则状态 B 的体积为（　　）。

   A. 0.4 m^3　　B. 0.2 m^3　　C. $\dfrac{9}{40} \text{ m}^3$　　D. $\dfrac{40}{9} \text{ m}^3$

4. 一定质量的理想气体，温度不变，压强变大，那么气体的体积（　　）。

   A. 不变　　B. 变大　　C. 变小　　D. 可能变大也可能变小

5. 如图所示为一定质量的理想气体的三个过程的曲线，那么曲线 2 是（　　）。

   A. 等温变化　　　　B. 等容变化

   C. 等压变化　　　　D. 无法判断

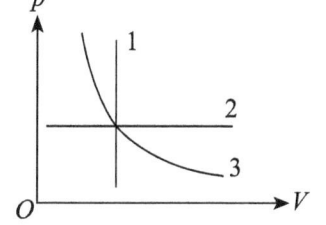

6. 对于一定量的理想气体，下列说法正确的是（　　）。

   A. 如果气体的压强和体积都不变，其温度一定不变

   B. 如果气体的温度不变，其压强也一定不变

C. 如果气体的温度随时间不断升高，其压强也一定不断增大

D. 如果气体的温度随时间不断降低，其体积也一定不断变小

7. 一定质量的理想气体，在某一平衡状态下的压强、体积和温度分别为 p_1、V_1、T_1，在另一平衡状态下的压强、体积和温度分别为 p_2、V_2、T_2，下列关系正确的是（　　）。

A. $p_1 = p_2$，$V_1 = 2V_2$，$T_1 = T_2/2$，

B. $p_1 = p_2$，$V_1 = V_2/2$，$T_1 = 2T_2$

C. $p_1 = 2p_2$，$V_1 = 2V_2$，$T_1 = 2T_2$

D. $p_1 = 2p_2$，$V_1 = V_2$，$T_1 = 2T_2$

8. 如图是一定质量理想气体在 p-T 图中体积分别为 V_1、V_2、V_3 的三条等容图线，由此图像可知 V_1、V_2、V_3 之间的关系是 _____ 。

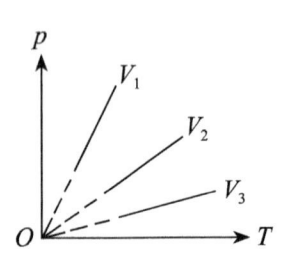

9. 一定质量的理想气体，密闭于体积不变的容器内，气体的压强为 p，温度为 T。当气体的温度由 T 升为 $2T$ 时，气体的压强变为 _____ 。

10. 一定质量的理想气体，密闭于绝热的气缸内，气体的压强为 p。当气体的体积变为原来的 2 倍时，气体的温度不变，气体的压强大小为 _____ 。

12 几何光学
Geometrical Optics

光（light）是一种重要的自然现象。宇宙间能自行发光的物体我们称之为光源（light source）。我们所以能看到客观世界中斑驳陆离、瞬息万变的景象，是因为眼睛接受物体发射、反射或散射的光。在几何光学中研究光的基础是：光的直线传播定律（law of rectilinear propagation）、反射定律（law of reflection）和折射定律（law of refraction）。

光的直线传播和光速
The rectilinear propagation of light and the speed of light

光能够在其中传播的物质叫作光介质，简称介质。**在同一均匀介质中，光是沿直线传播的**（Light travels in straight lines in a homogencous mcdium）。

自然界中的许多现象，例如：影（shadow）、月食（lunar eclipse）、日食（solar eclipse）和小孔成像（pinhole imaging）等，都是由于光沿着直线传播产生的。在研究光的传播方向时，常用到光线（ray）的概念。光线是利用光的直线传播而从光束（beam）中抽象出来的概念。

在光的传播方向上作一条线，并标上箭头，表示光的传播方向，这样的线就叫作光线。

A line drawn with an arrow in the direction of the propagation of light is called a ray.

光线是光束的抽象结果，实际是不存在的，而光束是客观存在的。光束可分为平行光束（parallel beam）、发散光束（divergent beam）、会聚光束（convergent beam）三种情况。

光从光源发出，在介质中传播是有一定的速度的。光在真空中的传播速度是 30 万千米每秒，即光速 $c = 3 \times 10^8$ m/s。

光线传播到两种介质的分界面所发生的现象：反射和折射现象可能同时发生，也可能只发生反射现象，但有折射现象的同时一定有反射现象，只是反射现象有时极不明显而不考虑。一般来说：

光从一种介质射到它和另一种介质的分界面时，一部分光返回到这种介质中的现象叫作光的反射。而斜着射向界面的光进入第二种介质中的现象，叫作光的折射。

When light travels through one medium into another, a part of the light is reflected, which phenomenon is called reflection, while the one that another part is transmitted or refracted into the second medium is called refraction.

1 光的反射定律
Law of reflection

光的反射定律是：

反射光线、入射光线和法线在同一平面内，反射光线和入射光线分别位于法线的两侧，反射角等于入射角。

The reflected ray lies in the plane determined by the incident ray and the normal to the surface at the point of incidence. The reflected ray and the incident ray lie on opposite sides of the normal line. The angle of reflection—the angle between the reflected ray and the normal—equals the angle of incidence—the angle between the incident ray and the normal.

如图 12-1 所示：

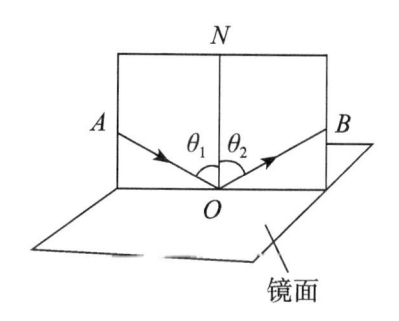

图 12-1 光的反射实验

2 光的折射定律
Law of refraction

折射光线跟入射光线和法线在同一平面内，折射光线和入射光线分别位于法线的两侧，入射角的正弦和折射角的正弦成正比，这就是光的折射定律。

The refracted ray lies in the plane determined by the incident ray and the normal to the surface at the point of incidence. The refracted ray and the incident ray lie on opposite sides of the normal line. The ratio of the sine of the angle of incidence to the sine of the angle of refraction is a constant, independent of the angle.

如果用 n 来表示这个比例常数，就有

$$\frac{\sin i}{\sin r} = n$$

光从一种介质射入另一种介质时，虽然入射角的正弦跟折射角的正弦之比为一常数 n，但是对不同的介质来说，这个常数 n 是不同的。这个常数 n 跟介质有关，是一个反映介质的光学性质的物理量，我们把 n 叫作介质的折射率（index of refraction）。

$$n = \frac{\sin i}{\sin r}$$

i：光在真空中与法线的夹角（the angle between the incident ray in the vacuum and the normal），也就是入射角。

r：光在介质中与法线之间的夹角（the angle between the refracted ray in the medium and the normal），也就是折射角。

光从真空射入某种介质时的折射率，叫作该种介质的绝对折射率，也简称为某种介质的折射率。又因为空气的绝对折射率为 1.00028，在近似计算中认为空气和真空相同，故有时光从空气射入某种介质时的折射率当作绝对折射率进行计算。

折射率的定义式为量度式。折射率无单位，任何介质的折射率都不能小于 1。水的折射率为 1.33，玻璃的折射率一般为 1.50。

理论和实验的研究都证明：**某种介质的折射率，等于光在真空中的速度 c 跟光在这种介质中的速度之比**（The index of refraction is defined for a medium as the ratio of the speed of light in the vacuum to that in the medium）。

$$n = \frac{c}{v}$$

由于光在真空中的传播速度 c 大于光在其他任何介质中的传播速度 v，所以任何介质的折射率 n 都大于 1（As the speed of light in the vacuum is higher than the speed of light in any medium, the index of refraction is always greater than one）。

【例】 光线从空气射入甲介质中时，入射角 $i = 45°$，折射角 $r = 30°$，光线从空气中射入乙介质中时，入射角 $i' = 60°$，折射角 $r' = 30°$。求光在甲、乙两种介质中的传播速度比。

解：

设光在甲介质中传播的速度为 $v_甲$，光在乙介质中传播的速度为 $v_乙$。

根据折射率的定义式得：

$$n_甲 = \frac{\sin i}{\sin r} = \frac{\sin 45°}{\sin 30°} = \frac{\sqrt{2}}{2} \div \frac{1}{2} = \sqrt{2}$$

$$n_乙 = \frac{\sin i'}{\sin r'} = \frac{\sin 60°}{\sin 30°} = \frac{\sqrt{3}}{2} \div \frac{1}{2} = \sqrt{3}$$

根据折射率与光速的关系得：

$$n_甲 = \frac{c}{v_甲}, \quad n_乙 = \frac{c}{v_乙}$$

得：

$$v_甲 = \frac{c}{n_甲}, \quad v_乙 = \frac{c}{n_乙}$$

所以：

$$v_甲 : v_乙 = \left(\frac{c}{n_甲}\right) : \left(\frac{c}{n_乙}\right) = n_乙 : n_甲 = \sqrt{3} : \sqrt{2}$$

3 全反射 *

Total internal reflection

光传播到两种介质的界面时，通常要发生反射和折射现象，若满足了某种条件，光线不再发生折射现象，而全部返回到原介质中传播的现象叫全反射现象（As light travels from one medium to another, usually reflection and refraction both occur. Under certain condition, no refraction occurs and the light is totally reflected back into the original medium. This phenomenon is called total internal reflection）。

那么全反射发生需要什么条件呢？

1. 光密介质（denser medium）和光疏介质（rarer medium）

对于两种介质来说，光在其中传播速度较小的介质，即折射率较大的介质，叫作光密介质；而光在其中传播速度较大的介质，即折射率较小的介质，叫作光疏介质。光密介质和光疏介质是相对的。例如，水、空气和玻璃三种物质相比较，水对空气来说是光密介质，而水对玻璃来说是光疏介质，根据折射定律可知，光线由光疏介质射入光密介质时（例如由空气射入水），折射角小于入射角；光线由光密介质射入光疏介质（例如由水射入空气），折射角大于入射角。

2. 临界角（critical angle）

折射角等于90°时的入射角叫作临界角（When the angle of refraction reaches 90°, the angle of incidence is called the critical angle），用符号 C 表示。光从折射率为 n 的某种介质射到空气（或真空）时的临界角 C 就是折射角等于90°时的入射角，根据折射定律可得

$$\sin C = \frac{1}{n}$$

3. 发生全反射的条件：

（1）光从光密介质进入光疏介质（Light travels from a denser medium into a rarer medium）。

（2）入射角等于或大于折射角（The angle of incidence equals or is larger than the angle of refraction）。

本节小结

1. 在同一均匀介质中，光是沿直线传播的。

2. 光从一种介质射到它和另一种介质的分界面时，一部分光返回到这种介质中的现象叫作光的反射。而斜着射向界面的光进入第二种介质中的现象，叫作光的折射。

3. 光的反射定律：反射光线、入射光线和法线在同一平面内，反射光线和入射光线分别位于法线的两侧，反射角等于入射角。

4. 光的折射定律：折射光线跟入射光线和法线在同一平面内，折射光线和入射光线分别位于法线的两侧，入射角的正弦和折射角的正弦成正比。公式为：$n = \dfrac{\sin i}{\sin r}$

5. 某种介质的折射率，等于光在真空中的速度 c 跟光在这种介质中的速度之比：$n = \dfrac{c}{v}$。

练习题

1. 下列能正确反映光线从空气斜射入玻璃中的是（　　）。

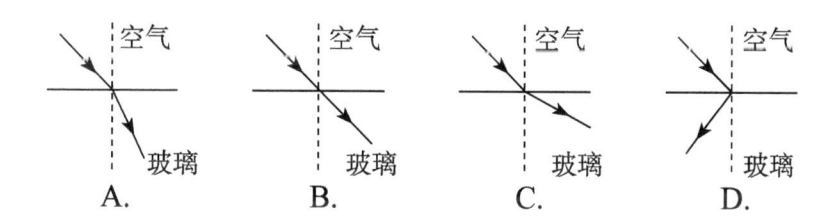

   A.　　　B.　　　C.　　　D.

2. 一条单色光线从空气射入玻璃中，若入射角为45°，折射角为30°，则该玻璃的折射率为（　　）。

   A. $\sqrt{3}$　　B. $\dfrac{\sqrt{3}}{2}$　　C. $\dfrac{\sqrt{3}}{3}$　　D. $\sqrt{2}$

3. 光线从一种透明物质进入另一种透明物质时，下列说法中正确的是（　　）。

   A. 光线的传播方向一定会发生改变

   B. 光线的传播方向不一定发生改变

   C. 当光线从水中斜射进入空气时，折射角小于入射角

   D. 当光线从空气斜射进入水中时，折射角等于入射角

4. 一束光线射到平面镜（plane mirror）上，若入射角为15°，则反射角是（　　）。

   A. 15°　　B. 30°　　C. 45°　　D. 60°

5. 一条单色光线从空气射入玻璃中，若入射角为45°，玻璃的折射率为$\sqrt{2}$，则玻璃中的折射角为（　　）。

   A. 30°　　B. 45°　　C. 60°　　D. 90°

6. 旗杆在太阳的照射下会产生影子，产生这种现象是因为（　　）。

   A. 光的直线传播　　　　B. 光的反射

   C. 光的折射　　　　　　D. 光的干涉

7. 一束与水平面成 30° 角的光线照向一种透明液，进入该液体的光线与水平面的夹角为 45°，该液体的折射率为_____。

8. 一束光线从空气射入某介质，入射角 $i = 60°$，该介质的折射率 $n = \sqrt{3}$，则折射角 r 为_____。

9. 光线以 30° 入射角从玻璃中射到玻璃与空气的界面上，它的反射光线与折射光线夹角为 90°，则折射角应为_____。

10. 光线从空气射入某介质中时，入射角 $i = 60°$，折射角 $r = 30°$。取空气折射率为 $n = 1$，则介质的折射率为_____。

附录1 汉—英专业词汇表
Chinese-English professional glossary

中文	拼音	英文
A		
安培力	ānpéilì	Ampère's force
B		
北极	běijí	north pole
比	bǐ	ratio
比例恒量	bǐlì héngliàng	proportionality constant
比值	bǐzhí	ratio
闭合	bìhé	closed
闭合电路	bìhé diànlù	closed circuit
变化	biànhuà	change
变化率	biànhuàlǜ	rate of change
变速直线运动	biànsù zhíxiàn yùndòng	variable rectilinear motion
标量	biāoliàng	scalar
表达式	biǎodáshì	expression
表面	biǎomiàn	surface
表征	biǎozhēng	characterize
并联	bìnglián	parallel connection
波峰	bōfēng	crest
波谷	bōgǔ	trough
C		
参考点	cānkǎodiǎn	reference point

参考系	cānkǎoxì	reference frame
插入	chārù	insert
产生	chǎnshēng	produce
长度	chángdù	length
场源	chǎngyuán	field source
乘积	chéngjī	product
排斥力	páichìlì	repulsive force
充电	chōngdiàn	charging
冲量	chōngliàng	impulse
串联	chuànlián	series connection
垂直	chuízhí	perpendicular
垂直方向	chuízhí fāngxiàng	perpendicular direction
磁场	cíchǎng	magnetic field
磁感线	cígǎnxiàn	magnetic induction line
磁感应强度	cígǎnyìng qiángdù	magnetic induction
磁通量	cítōngliàng	magnetic flux
磁针	cízhēn	magnetic needle
存在	cúnzài	exist

D

打击	dǎjī	hit
带电粒子	dàidiàn lìzǐ	charged particle
带电体	dàidiàntǐ	charged body
单位电荷	dānwèi diànhè	unit charge
导体	dǎotǐ	conductor
导线	dǎoxiàn	wire
等量的	děngliàngde	equal
等容变化	děngróng biànhuà	isochoric change

附录1 汉—英专业词汇表

等温变化	děngwēn biànhuà	isothermal change
等压变化	děngyā biànhuà	isobaric change
抵消	dǐxiāo	offset
点电荷	diǎndiànhè	point charge
电场力	diànchǎnglì	electric field force
电场强度	diànchǎng qiángdù	electric field intensity
电场线	diànchǎngxiàn	electric field line
电池	diànchí	battery
电磁感应	diàncí gǎnyìng	electromagnetic induction
电磁力	diàncílì	electromagnetic force
电动势	diàndòngshì	electromotive force
电荷	diànhè	electric charge
电荷量	diànhèliàng	quantity of electric charge
电介质	diànjièzhì	dielectric
电流强度	diànliú qiángdù	current intensity
电路	diànlù	electric circuit
电容	diànróng	capacitance
电容器	diànróngqì	capacitor
电势	diànshì	electric potential
电势差	diànshìchā	electric potential difference
电势为零	diànshì wéi líng	zero potential
电源	diànyuán	power supply
电阻	diànzǔ	electrical resistance
叠加	diéjiā	superposition
叠加原理	diéjiā yuánlǐ	superposition principle
定量	dìngliàng	quantitative
定向移动	dìngxiàng yídòng	directional movement

定则	dìngzé	rule
动力学	dònglìxué	dynamics
动量	dòngliàng	momentum
动量定理	dòngliàng dìnglǐ	theorem of momentum
动量守恒定律	dòngliàng shǒuhéng dìnglù	law of conservation of momentum
动摩擦因数	dòngmócā yīnshù	coefficient of kinetic friction
动能	dòngnéng	kinetic energy
动能定理	dòngnéng dìnglǐ	theorem of kinetic energy
端	duān	end
对角线	duìjiǎoxiàn	diagonal line

E

额定	édìng	rated

F

发散光束	fāsàn guāngshù	divergent beam
反比	fǎnbǐ	inverse ratio
反抗	fǎnkàng	against
反射定律	fǎnshè dìnglù	law of reflection
反弹	fǎntán	bounce
反作用力	fǎn zuòyònglì	reacting force
放电	fàngdiàn	discharging
分解	fēnjiě	resolve
分量	fēnliàng	component
分子	fēnzǐ	molecule
负功	fùgōng	negative work

G

干路	gànlù	main circuit

附录1 汉—英专业词汇表

感应电动势	gǎnyìng diàndòngshì	induced electromotive force
感应电流	gǎnyìng diànliú	induced current
功	gōng	work
惯性	guànxìng	inertia
光束	guāngshù	beam
光线	guāngxiàn	ray
光源	guāngyuán	light source
轨迹	guǐjì	trajectory
滚动摩擦	gǔndòng mócā	rolling friction
国际单位制	guójì dānwèizhì	International System of Units
H		
合成	héchéng	composition
合力	hélì	resultant force
恒定	héngdìng	constant
恒力	hénglì	constant force
横截面	héngjiémiàn	cross-section
忽略不计	hūluè bú jì	negligible
弧长	húcháng	arc length
弧度	húdù	radian
胡克定律	Húkè Dìnglǜ	Hooke's Law
滑动摩擦力	huádòng mócālì	sliding frictional force
滑轮	huálún	pulley
恢复	huīfù	recover
会聚光束	huìjù guāngshù	convergent beam
J		
基本规律	jīběn guīlǜ	basic law

机械能	jīxiènéng	mechanical energy
机械能守恒定律	jīxiènéng shǒuhéng dìnglǜ	law of conservation of mechanical energy
极	jí	pole
极板	jíbǎn	plate
极限	jíxiàn	limit
加速	jiāsù	accelerate
减少	jiǎnshǎo	decrease
检验电荷	jiǎnyàn diànhè	test charge
焦耳	jiāo'ěr	joule
角速度	jiǎosùdù	angular velocity
接触	jiēchù	contact
介质	jièzhì	medium
劲度系数	jìndù xìshù	coefficient of stiffness
静电感应	jìngdiàn gǎnyìng	electrostatic induction
静电平衡	jìngdiàn pínghéng	electrostatic equilibrium
静电屏蔽	jìngdiàn píngbì	electrostatic shielding
静摩擦力	jìngmócālì	static frictional force
静止	jìngzhǐ	static
绝对值	juéduìzhí	absolute value
K		
库仑	kùlún	coulomb
库仑定律	Kùlún Dìnglǜ	Coulomb's Law
L		
拉力	lālì	tensile force
离子	lízǐ	ion
理想模型	lǐxiǎng móxíng	ideal model

附录 1 汉—英专业词汇表

力	lì	force
联立	liánlì	simultaneous
量度	liángdù	measure
路程	lùchéng	length of path
路端电压	lùduān diànyā	terminal voltage
路径	lùjìng	path
螺线管	luóxiànguǎn	solenoid
洛伦兹力	luòlúnzīlì	Lorentz force
	M	
描述	miáoshù	describe
模拟	mónǐ	simulate
	N	
内部	nèibù	interior
内力	nèilì	internal force
内能	nèinéng	internal energy
南极	nánjí	south pole
能	néng	energy
逆过程	nìguòchéng	inverse process
牛顿定律	Niúdùn Dìnglǜ	Newton's Laws
	O	
欧姆定律	Ōumǔ Dìnglǜ	Ohm's Law
	P	
帕斯卡	pàsīkǎ	pascal
排斥	páichì	repel
判定	pàndìng	determine
判断	pànduàn	judge

碰撞	pèngzhuàng	collision
偏转	piānzhuǎn	deflection
频率	pínlǜ	frequency
平分	píngfēn	bisect
平衡	pínghéng	balance
平均速度	píngjūn sùdù	average velocity
平面镜	píngmiànjìng	plane mirror
平行	píngxíng	parallel
平行光束	píngxíng guāngshù	parallel beam
平行四边形法则	píngxíngsìbiānxíng fǎzé	parallelogram rule
	Q	
切线	qiēxiàn	tangent
曲线	qǔxiàn	curve
	R	
热量	rèliàng	heat
热现象	rèxiànxiàng	thermal phenomena
热学	rèxué	thermology
日食	rìshí	solar eclipse
容纳	róngnà	store
	S	
射线	shèxiàn	ray
时刻	shíkè	instant time
实心导体	shíxīn dǎotǐ	solid conductor
矢量	shǐliàng	vector
势能	shìnéng	potential energy
竖直	shùzhí	vertically

水平面	shuǐpíngmiàn	horizontal plane
瞬间	shùnjiān	instant
速率	sùlǜ	speed
	T	
弹簧	tánhuáng	spring
弹力	tánlì	elastic force
弹性势能	tánxìng shìnéng	elastic potential energy
弹性限度	tánxìng xiàndù	elastic limit
体积	tǐjī	volume
投影	tóuyǐng	projection
	W	
外部	wàibù	exterior
位置	wèizhì	position
温度	wēndù	temperature
物体	wùtǐ	object/body
物质	wùzhì	matter
	X	
吸引	xīyǐn	attraction
现象	xiànxiàng	phenomenon
线速度	xiànsùdù	linear velocity
相对	xiāngduì	relative
相互作用力	xiānghù zuòyònglì	interaction force
向心加速度	xiàngxīn jiāsùdù	centripetal acceleration
削弱	xuēruò	weaken
小孔成像	xiǎokǒng chéng xiàng	pinhole imaging
形变	xíngbiàn	deformation

性质	xìngzhì	character
Y		
压缩	yāsuō	compress
因素	yīnsù	factor
影	yǐng	shadow
元电荷	yuándiànhè	elementary charge
原状	yuánzhuàng	original state
原子	yuánzǐ	atom
圆心角	yuánxīnjiǎo	central angle
月食	yuèshí	lunar eclipse
匀加速直线运动	yúnjiāsù zhíxiàn yùndòng	uniformly accelerated rectilinear motion
匀速圆周运动	yúnsù yuánzhōu yùndòng	uniform circular motion
匀速直线运动	yúnsù zhíxiàn yùndòng	uniform rectilinear motion
运动学	yùndòngxué	kinematics
Z		
折射定律	zhéshè dìnglǜ	law of refraction
真空	zhēnkōng	vacuum
正、负	zhèng、fù	positive/negative
正比	zhèngbǐ	direct proportion
正功	zhènggōng	positive work
支持力	zhīchílì	supporting force
支路	zhīlù	branch
直角坐标系	zhíjiǎo zuòbiāoxì	rectangular coordinate system
直线传播	zhíxiàn chuánbō	rectilinear propagation
直线运动	zhíxiàn yùndòng	rectilinear motion
质点	zhìdiǎn	particle

质量	zhìliàng	mass
中和	zhōnghé	neutralization
重力	zhònglì	gravity
重力加速度	zhònglì jiāsùdù	acceleration of gravity
重力势能	zhònglì shìnéng	gravity potential energy
重心	zhòngxīn	center of the gravity
周期	zhōuqī	period
转化	zhuǎnhuà	conversion
转移	zhuǎnyí	transfer
转动	zhuàndòng	rotation
状态	zhuàngtài	state
自由落体运动	zìyóu luòtǐ yùndòng	free falling motion
阻力	zǔlì	resistance
作用力	zuòyònglì	acting force
坐标	zuòbiāo	coordinate
坐标系	zuòbiāoxì	coordinate system
做功	zuògōng	do work

附录2 英—汉专业词汇表
English-Chinese professional glossary

英文	中文	拼音
A		
absolute value	绝对值	juéduìzhí
accelerate	加速	jiāsù
acceleration of gravity	重力加速度	zhònglì jiāsùdù
acting force	作用力	zuòyònglì
against	反抗	fǎnkàng
Ampère's force	安培力	ānpéilì
angular velocity	角速度	jiǎosùdù
arc length	弧长	húcháng
atom	原子	yuánzǐ
attraction	吸引	xīyǐn
average velocity	平均速度	píngjūn sùdù
B		
balance	平衡	pínghéng
basic law	基本规律	jīběn guīlǜ
battery	电池	diànchí
beam	光束	guāngshù
bisect	平分	píngfēn
bounce	反弹	fǎntán
branch	支路	zhīlù

C		
capacitance	电容	diànróng
capacitor	电容器	diànróngqì
center of the gravity	重心	zhòngxīn
central angle	圆心角	yuánxīnjiǎo
centripetal acceleration	向心加速度	xiàngxīn jiāsùdù
change	变化	biànhuà
character	性质	xìngzhì
characterize	表征	biǎozhēng
charged body	带电体	dàidiàntǐ
charged particle	带电粒子	dàidiàn lìzǐ
charging	充电	chōngdiàn
closed	闭合	bìhé
closed circuit	闭合电路	bìhé diànlù
coefficient of kinetic friction	动摩擦因数	dòngmócā yīnshù
coefficient of stiffness	劲度系数	jìndù xìshù
collision	碰撞	pèngzhuàng
component	分量	fēnliàng
composition	合成	héchéng
compress	压缩	yāsuō
conductor	导体	dǎotǐ
constant	恒定	héngdìng
constant force	恒力	hénglì
contact	接触	jiēchù
convergent beam	会聚光束	huìjù guāngshù
conversion	转化	zhuǎnhuà
coordinate	坐标	zuòbiāo

coordinate system	坐标系	zuòbiāoxì
coulomb	库仑	kùlún
Coulomb's Law	库仑定律	Kùlún Dìnglǜ
crest	波峰	bōfēng
cross-section	横截面	héngjiémiàn
current intensity	电流强度	diànliú qiángdù
curve	曲线	qǔxiàn
D		
decrease	减少	jiǎnshǎo
deflection	偏转	piānzhuǎn
deformation	形变	xíngbiàn
describe	描述	miáoshù
determine	判定	pàndìng
diagonal line	对角线	duìjiǎoxiàn
dielectric	电介质	diànjièzhì
direct proportion	正比	zhèngbǐ
directional movement	定向移动	dìngxiàng yídòng
discharging	放电	fàngdiàn
divergent beam	发散光束	fāsàn guāngshù
do work	做功	zuògōng
dynamics	动力学	dònglì xué
E		
elastic force	弹力	tánlì
elastic limit	弹性限度	tánxìng xiàndù
elastic potential energy	弹性势能	tánxìng shìnéng
electirc charge	电荷	diànhè

electric circuit	电路	diànlù
electric field force	电场力	diànchǎnglì
electric field intensity	电场强度	diànchǎng qiángdù
electric field line	电场线	diànchǎngxiàn
electric potential	电势	diànshì
electric potential difference	电势差	diànshìchā
electrical resistance	电阻	diànzǔ
electromagnetic force	电磁力	diàncílì
electromagnetic induction	电磁感应	diàncí gǎnyìng
electromotive force	电动势	diàndòngshì
electrostatic equilibrium	静电平衡	jìngdiàn pínghéng
electrostatic induction	静电感应	jìngdiàn gǎnyìng
electrostatic shielding	静电屏蔽	jìngdiàn píngbì
elementary charge	元电荷	yuándiànhè
end	端	duān
energy	能	néng
equal	等量的	děngliàngde
exist	存在	cúnzài
expression	表达式	biǎodáshì
exterior	外部	wàibù
F		
factor	因素	yīnsù
field source	场源	chǎngyuán
force	力	lì
free falling motion	自由落体运动	zìyóu luòtǐ yùndòng
frequency	频率	pínlǜ

	G	
gravity	重力	zhònglì
gravity potential energy	重力势能	zhònglì shìnéng
	H	
heat	热量	rèliàng
hit	打击	dǎjī
Hooke's Law	胡克定律	Húkè Dìnglù
horizontal plane	水平面	shuǐpíngmiàn
	I	
ideal model	理想模型	lǐxiǎng móxíng
impulse	冲量	chōngliàng
induced current	感应电流	gǎnyìng diànliú
induced electromotive force	感应电动势	gǎnyìng diàndòngshì
inertia	惯性	guànxìng
insert	插入	chārù
instant	瞬间	shùnjiān
instant time	时刻	shíkè
interaction force	相互作用力	xiānghù zuòyònglì
interior	内部	nèibù
internal energy	内能	nèinéng
internal force	内力	nèilì
International System of Units	国际单位制	guójì dānwèizhì
inverse process	逆过程	nìguòchéng
inverse ratio	反比	fǎnbǐ
ion	离子	lízǐ
isobaric change	等压变化	děngyā biànhuà

isochoric change	等容变化	děngróng biànhuà
isothermal change	等温变化	děngwēn biànhuà
J		
joule	焦耳	jiāo'ěr
judge	判断	pànduàn
K		
kinematics	运动学	yùndòngxué
kinetic energy	动能	dòngnéng
L		
law of conservation of mechanical energy	机械能守恒定律	jīxiènéng shǒuhéng dìnglù
law of conservation of momentum	动量守恒定律	dòngliàng shǒuhéng dìnglù
law of reflection	反射定律	fǎnshè dìnglù
law of refraction	折射定律	zhéshè dìnglù
length	长度	chángdù
length of path	路程	lùchéng
light source	光源	guāngyuán
limit	极限	jíxiàn
linear velocity	线速度	xiànsùdù
Lorentz force	洛伦兹力	luòlúnzīlì
lunar eclipse	月食	yuèshí
M		
magnetic field	磁场	cíchǎng
magnetic flux	磁通量	cítōngliàng
magnetic induction	磁感应强度	cígǎnyìng qiángdù
magnetic induction line	磁感线	cígǎnxiàn
magnetic needle	磁针	cízhēn

main circuit	干路	gànlù
mass	质量	zhìliàng
matter	物质	wùzhì
measure	量度	liángdù
mechanical energy	机械能	jīxiènéng
medium	介质	jièzhì
molecule	分子	fēnzǐ
momentum	动量	dòngliàng

N

negative work	负功	fùgōng
negligible	忽略不计	hūlüè bújì
neutralization	中和	zhōnghé
Newton's Laws	牛顿定律	Niúdùn Dìnglǜ
north pole	北极	běijí

O

object/body	物体	wùtǐ
offset	抵消	dǐxiāo
Ohm's Law	欧姆定律	Ōumǔ Dìnglǜ
original state	原状	yuánzhuàng

P

parallel	平行	píngxíng
parallel beam	平行光束	píngxíng guāngshù
parallel connection	并联	bìnglián
parallelogram rule	平行四边形法则	píngxíng sìbiānxíng fǎzé
particle	质点	zhìdiǎn
pascal	帕斯卡	pàsīkǎ

path	路径	lùjìng
period	周期	zhōuqī
perpendicular	垂直	chuízhí
perpendicular direction	垂直方向	chuízhí fāngxiàng
phenomenon	现象	xiànxiàng
pinhole imaging	小孔成像	xiǎokǒng chéng xiàng
plane mirror	平面镜	píngmiànjìng
plate	极板	jíbǎn
point charge	点电荷	diǎndiànhè
pole	极	jí
position	位置	wèizhì
positive work	正功	zhènggōng
positive/negative	正、负	zhèng、fù
potential energy	势能	shìnéng
power supply	电源	diànyuán
produce	产生	chǎnshēng
product	乘积	chéngjī
projection	投影	tóuyǐng
proportion	正比	zhèngbǐ
proportionality constant	比例恒量	bǐlì héngliàng
pulley	滑轮	huálún
Q		
quantitative	定量	dìngliàng
quantity of electric charge	电荷量	diànhèliàng
R		
radian	弧度	húdù

rate of change	变化率	biànhuàlǜ
rated	额定	édìng
ratio	比	bǐ
ratio	比值	bǐzhí
ray	光线	guāngxiàn
ray	射线	shèxiàn
reacting force	反作用力	fǎn zuòyònglì
recover	恢复	huīfù
rectangular coordinate system	直角坐标系	zhíjiǎo zuòbiāoxì
rectilinear motion	直线运动	zhíxiàn yùndòng
rectilinear propagation	直线传播	zhíxiàn chuánbō
reference frame	参考系	cānkǎoxì
reference point	参考点	cānkǎodiǎn
relative	相对	xiāngduì
repel	排斥	páichì
repulsive force	排斥力	páichìlì
resistance	阻力	zǔlì
resolve	分解	fēnjiě
resultant force	合力	hélì
rolling friction	滚动摩擦	gǔndòng mócā
rotation	转动	zhuǎndòng
rule	定则	dìngzé
S		
scalar	标量	biāoliàng
series connection	串联	chuànlián
shadow	影	yǐng
simulate	模拟	mónǐ

simultaneous	联立	liánlì
sliding frictional force	滑动摩擦力	huádòng mócālì
solar eclipse	日食	rìshí
solenoid	螺线管	luóxiànguǎn
solid conductor	实心导体	shíxīn dǎotǐ
south pole	南极	nánjí
speed	速率	sùlǜ
spring	弹簧	tánhuáng
state	状态	zhuàngtài
static	静止	jìngzhǐ
static frictional force	静摩擦力	jìngmócālì
store	容纳	róngnà
superposition	叠加	diéjiā
superposition principle	叠加原理	diéjiā yuánlǐ
supporting force	支持力	zhīchílì
surface	表面	biǎomiàn
T		
tangent	切线	qiēxiàn
temperature	温度	wēndù
tensile force	拉力	lālì
terminal voltage	路端电压	lùduān diànyà
test charge	检验电荷	jiǎnyàn diànhè
theorem of kinetic energy	动能定理	dòngnéng dìnglǐ
theorem of momentum	动量定理	dòngliàng dìnglǐ
thermal phenomena	热现象	rèxiànxiàng
thermology	热学	rèxué
trajectory	轨迹	guǐjì

transfer	转移	zhuǎnyí
trough	波谷	bōgǔ
U		
uniform circular motion	匀速圆周运动	yúnsù yuánzhōu yùndòng
uniform rectilinear motion	匀速直线运动	yúnsù zhíxiàn yùndòng
uniformly accelerated rectilinear motion	匀加速直线运动	yúnjiāsù zhíxiàn yùndòng
unit charge	单位电荷	dānwèi diànhè
V		
vacuum	真空	zhēnkōng
variable rectilinear motion	变速直线运动	biànsù zhíxiàn yùndòng
vector	矢量	shǐliàng
vertically	竖直	shùzhí
volume	体积	tǐjī
W		
weaken	削弱	xuēruò
wire	导线	dǎoxiàn
work	功	gōng
Z		
zero potential	电势为零	diànshì wéi líng

附录 3　常用表达
Commonly used expressions

中文表达	英文表达
……是……	...is...
既……又……	both...and... ...as well as...
……叫作（就是 / 被称为）……	...be called...
……与（跟、和）……相同	...be in accordance with...
……与（跟、和）……的比叫作……	the ratio of A and B is called...
……与……成正比	...is directly proportional to...
……与……成反比	...is inversely proportional to...
……是……的量度	...is a measure of...
……与……无关	has nothing to do with...
……是……的条件	A is an essential factor for B
用……来表示……	A is indicated by B
不是……而是……	not that...but that... / not...but...
越……越……	more and more...
随……增大 / 加 / 强而减少 / 弱	reduction in A with increasing of B
既不能……也不能……	can neither...nor...
……跟……的比值	ratio between A and B
不是……而是……	not...but...
可以……也可以……	can...also can...
不管……都……	no matter what...
等于……之和	A plus B equals C
若……则……	if...then...

附录4 常用物理单位表
Table of physical units

物理量 Physical quantity 单位 Unit*	拼音 Pinyin	英文含义 English meaning	国际通用 单位符号 International symbol
波长 米	bōcháng mǐ	wavelength meter	λ m
波速 米每秒	bōsù mǐ měi miǎo	wave speed meter per second	v m/s
磁感应强度 特[斯拉]	cígǎnyìng qiángdù tè（sīlā）	magnetic induction tesla	B T
长度 米	chángdù mǐ	length meter	L, l m
冲量 牛[顿]秒	chōngliàng niú（dùn）miǎo	impulse newton-second	I N·s
磁通量 韦[伯]	cítōngliàng wéi（bó）	magnetic flux weber	Φ Wb
电荷 库[仑]	diànhè kù（lún）	electric charge coulomb	Q C
电流 安[培]	diànliú ān（péi）	current ampere	I A
电容 法[拉]	diànróng fǎ（lā）	capacitance farad	C F

电势差（电压）	diànshìchà (diànyā)	electric potential difference (voltage)	U
伏[特]	fú (tè)	voltage	V
电阻	diànzǔ	electrical resistance	R
欧[姆]	ōu (mǔ)	ohm	Ω
动量	dòngliàng	momentum	p
千克米每秒	qiānkè mǐ měi miǎo	kilogram-meter per second	kg·m/s
功	gōng	work	W
焦[耳]	jiāo (ěr)	joule	J
功率	gōnglǜ	power	P
瓦[特]	wǎ (tè)	watt	W
加速度	jiāsùdù	acceleration	a
米每二次方秒	mǐ měi èrcìfāng miǎo	meter per second squared	m/s^2
角	jiǎo	angle	°
弧度	húdù	radian	rad
角速度	jiǎosùdù	angular speed	ω
弧度每秒	húdù měi miǎo	radian per second	rad/s
力	lì	force	F
牛[顿]	niú (dùn)	newton	N
动摩擦因数	dòngmócā yīnshù	coefficient of kinetic friction	μ
—	—		—
能量	néngliàng	energy	E
焦[耳]	jiāo (ěr)	joule	J
频率	pínlǜ	frequency	f
赫[兹]	hè (zī)	hertz	Hz
时间	shíjiān	time	t
日、时、分、秒	rì, shí, fēn, miǎo	day, hour, minute, second	d, h, min, s

速度	sùdù	velocity	v
米每秒	mǐ měi miǎo	meter per second	m/s
劲度系数	jìndù xìshù	coefficient of stiffness	k
牛[顿]每米	niú(dùn) měi mǐ	newton per meter	N/m
体积	tǐjī	volume	V
立方米	lìfāngmǐ	cubic meter	m³
热力学温度	rèlìxué wēndù	thermodynamic temperature	T
开[尔文]	kāi(ěrwén)	kelvin	K
压强	yāqiáng	pressure	p
帕[斯卡]	pà(sīkǎ)	pascal	Pa
折射率	zhéshèlǜ	index of refraction	n
—			—
质量	zhìliàng	mass	m
千克	qiānkè	kilogram	kg
周期	zhōuqī	period	T
秒	miǎo	second	s